演讲语篇问答结构的组织功能

杜娟　著

河南大学出版社
HENAN UNIVERSITY PRESS
·郑州·

图书在版编目（CIP）数据

演讲语篇问答结构的组织功能：汉语、英语 / 杜娟著. -- 郑州：河南大学出版社, 2025. 3. -- ISBN 978-7-5649-6117-6

Ⅰ. H311.9

中国国家版本馆 CIP 数据核字第2024745KH7号

责任编辑 陈晓林
责任校对 刘利晓
封面设计 高枫叶

出版发行 河南大学出版社
地址：郑州市郑东新区商务外环中华大厦2401号　　邮　编：450046
电话：0371-86059752（大众文化出版中心）
0371-86059701（营销部）
网址：hupress.henu.edu.cn

排　版 河南大学出版社设计排版部
印　刷 郑州市今日文教印制有限公司
版　次 2025年3月第1版　　**印　次** 2025年3月第1次印刷
开　本 710 mm×1 010 mm　1/16　　**印　张** 13
字　数 265千字　　**定　价** 45.00元

序

杜娟几天前微信我，告诉我一个虽有点儿晚却令人欣喜的消息：她的博士学位论文终于要出专著了！这个好消息不禁使我想起，杜娟从攻读硕士学位起就跟着我研习系统功能语言学，不知不觉十几个年头悄然流过，恍如昨日。杜娟获得硕士和博士学位，实际上并不怎么轻松，因为她都是在职攻读的，既要学习，又要工作，还要经营家庭。然而，杜娟看似孱弱，但韧劲十足，不仅圆满完成了单位交给的教学及其他工作，而且又仔细研读了系统功能语言学鼻祖 Halliday 的所有著述，熟练掌握了韩氏语言学理论。她还研读了其他相关的功能语言学论著，丰富并深化了对功能语言学的理解与把握；杜娟言语不多，但心气很高，在系统了解功能语言学理论的同时，还广泛涉猎了语用学、话语分析、篇章语言学、认知语言学等，大大拓宽了学术视野；杜娟勤于思考，善于钻研，注意运用所学进行语言研究，取得了相当骄人的成绩。对于这些，记得我曾经写过几行字进行了大致概括。那是在2015年4月份，我和杜娟、王晓伟一起前往北京参加北京师范大学外文学院主办的“韩礼德—韩茹凯语言学国际基金”成立专题报告会暨第14届功能语言学学术研讨会，在进京的1488次列车上，我们师徒三人闲聊消磨时间，不知怎的，我胡诌了几行字，分别送给他们俩。写给杜娟的几行字（如下）就包含了杜娟在功能语言学、篇章语言学和语用学等方面的深厚功力，也包含了对她的期望：继承铁塔牌河大人的精神，秉承“明德新民、止于至善”的校训，在教学科研工作中努力达到“至善”之境。

亭亭靓女汴京生，
杨家明湖照美容。
语用功能语篇精，
铁塔精神至善荣。

摆在我们面前的这部《演讲语篇问答结构的组织功能》，是杜娟在其博士学位论文的基础上，经过细致的反复修改和适当的补充完善而成的功能语言学专著，充分展现了她在系统功能语言学，包括篇章语言学、话语分析等方面的深厚功力。在本书中，杜娟运用韩氏系统功能语言学中的主位结构理论、信息结构理论以及 Winter 的小句关系理论，系统深入地研究了英语政治演讲中的问答结构的语篇组织功能。具体来讲，本书的研究对象为英语政治演讲语篇中的问答结构，她以真实语料为依据进行了深入细致的分析研究，将问答结构区分为提供显性答语的 EAP 结构和提供隐性答语的 IAP 结构，揭示了这两种结构在政治演讲中所具有的独特语篇组织功能及其实现方式。这些语篇组织功能包括导入–详述功能、总结–诱思功能和框定功能，而这些功能既可以在语段层面得以实现，也可以在整个演讲语篇层面得以实现。同时，作者还提出了问答结构的承前性策略和启后性策略，这两种策略在语段层面和整个语篇层面均具有很强的适用性，为研究问答结构在政治演讲语篇中的组织功能提供了新的视角。

总体而言，杜娟的这部专著具有较高的学术价值和参考价值。探讨问答结构在演讲中的语篇组织功能，不仅有助于演讲者构思撰写演讲稿（即演讲语篇），而且有助于听众准确理解和把握演讲语篇所传递的信息与演讲者的交际意图（即演讲意图）。此外，本书的研究思路和方法还可以为书面语篇研究，尤其是书面语篇中问答结构的组织功能研究，提供有益的参考和借鉴。毋庸置疑，探讨问答结构在书面语篇中的组织功能，既可为书面语篇的作者提供帮助，也可为读者准确理解和把握书面语篇所传递的信息以及作者的交际意图提供线索和参考。

毫无疑问，本书会存在着这样或那样的不足，然而，瑕不掩瑜，杜娟的《演讲语篇问答结构的组织功能》是一部非常值得一读的功能语言学专著，更是一部不可多得的篇章语言学专著，是功能语言学和篇章语言学研习者的重要参考文献。

最后，希望杜娟以此书的出版为新的起点，继续努力，奋发向上，在学术道路上踏出更多更精彩的脚印。

以上数语，权以为序。

张克定

2024年11月6日

前　言

什么是语言？英国语言学家Lyons认为：对于语言学家来讲，这一问题的深奥和复杂程度可以与生物学家所要回答的“什么是生命”相提并论（Lyons 1981: 1）。针对这一问题，视角不同，答案各异。从功能主义的视角来讲，语言的本性是与它所起到的功能紧密相连的（Halliday 1970: 140），它是人类交流思想、情感，表达欲望的主要方式（Sapir 2001: 7），可以通过口头和书面两种渠道进行。在众多的人类言语交流活动中，政治演讲是一种正式的、目的性很强的公共言语交流活动，演讲人主要运用语言这种媒介，针对一定的内政和外交事务，向听众阐述和表达自己的立场和观点，宣扬其政治主张。这种演讲类型的目的性很强并与政治相关，因此就需要演讲人精心组织演讲内容，不仅要逻辑严谨，而且要具有较强的互动性，这样才有助于达到演讲的目的。这就要求演讲人选取一些特定的语言表达方式组织演讲语篇[1]，因为“从语言的语法系统里选取的某一特定的形式是与语言所要服务的社会和个人的需求紧密联系在一起的”（Halliday 1970: 141）。

在演讲语篇中，常见到这样一种语言现象，如例（1）和例（2）：

---

[1] 国内外对语篇和篇章的定义、涵盖范围等看法和用法不一，国内对text、discourse的译法也不尽相同，具体的描述见刘辰诞（1999: 1-4）。鉴于本书是从功能的视角探讨问答结构是如何组织演讲语篇、推动语篇信息流发展的，本书较倾向于Halliday（1999: 7）给语篇下的定义，即“语篇指你所听、所读，及所说、所写的所有语言示例”。

（1）[1] Of course that is all they would say. **Did you ever see a man who struts around altogether too large to notice an ordinary working mechanic? Do you think he is great?** He is nothing but a puffed-up balloon, held down by his big feet. There is no greatness there. **Who are the great men and women?** My attention was called the other day to the history of a very little thing that made the fortune of a very poor man. It was an awful thing, and yet because of that experience he — not a great inventor or genius — invented the pin that now is called the safety-pin, …[2] (*Russell Conwell, Acres of Diamonds, Delivered over 5000 times at various times and places from 1900—1925*)

（2）The time of justice has now come. I tell you that I believe sincerely that no force can hold it back. It is right in the eyes of man and God that it should come. And when it does, I think that day will brighten the lives of every American. For Negroes are not the only victims. **How many white children have gone uneducated? How many white families have lived in stark poverty? How many white lives have been scarred by fear, because we've wasted our energy and our substance to maintain the barriers of hatred and terror?** (*Lyndon Baines Johnson, We Shall Overcome, 1965*)

上述两例都节选于英语政治演讲语篇，且都存在大量的疑问句，如粗体部分所示。一般来讲，讲话人选择使用疑问句的目的是用于寻求信息，是有疑而问。然而，在这两例中，尽管演讲人使用的是疑问句，但并不期盼听众作出回答。例（1）中演讲人在提问之后紧接着对这些疑问句作出了答复；例（2）中的疑问句群后面并没有出现这些问句的答语，但实际上答语已经隐含于问句之中，并不需要听众回答。我们可以将它们统称为“自问自答结构”

[1] 本书所列举的演讲语篇例子均来源于美国修辞网http://www.americanrhetoric.com/top100speechesall.html。

[2] 为了节省篇幅，与本书研究关系不大的内容以省略号标记。

（answer-providing structures），为方便叙述，本书将其笼统地称为“问答结构”。

这种问答结构包含问句和答语两个部分。与传统的疑问句一样，该结构中的问句与其答语也构成问答模式，但二者有很大不同。这一结构构成的是自问自答模式，讲话人始终不变，他提出问题的意图并不是为了诉诸答语、索取信息，而是为了回答、提供信息。根据答语体现方式的不同，例（1）和例（2）这两种问答结构分别是提供显性答语的问答结构（explicit-answer-providing structures），简称 EAP 结构，以及提供隐性答语的问答结构（implicit-answer-providing structures），简称 IAP 结构[1]。作为一种重要的语篇组织手段，问答结构可以出现在多种语篇类型中，但“学科领域不同，问句的出现频率和类型也有很大的不同”（Thompson 1998: 146），自然它所表现出来的特点和具有的功能也不尽相同。鉴于英语政治演讲语篇是一种常用的重要的语篇类型，而且观察发现问答结构常出现在这种语篇类型中，本书拟将问答结构的研究置于英语政治演讲语篇中进行。

那么，问答结构有什么特点？它为什么会在英语政治演讲语篇中存在？许多学者曾对这种结构从语用功能上进行研究，并作出了令人信服的解释。但是，除了具有一定的语用功能之外，问答结构在组织语篇方面是否也会有其独特的功能呢？如果有，又会以怎样的方式组织、构建语篇呢？从已有的文献来看，对这类语言现象的语篇组织功能的研究很少被学者们关注，在国内外只有个别学者的研究，如 Webber（1994）、Thompson（1998）、Hyland（2002）、苗兴伟（2013）、杜娟（2015b, 2015c) 等，涉及了这类语言现象的语篇功能，而对其语篇组织功能的实现方式的研究更是少有学者涉猎。因此，深入地探讨这类语言现象在某一语篇类型中的语篇组织功能将是一项非常有意义的研究，这是本书的研究动因之一。另外，演讲是当今社会非常重要的一项技能，而成功的演讲需要一篇高质量的演讲稿作为基础。如何撰写演讲稿是大学英语教学中必然涉及的一个方面，若能知晓这类语言现象在英语演讲语篇中具有的组建功能及其实现方式，自然有助于这方面的英语教学。这

[1] 对研究对象的界定和说明将在第一章第一节详细阐述。另外，笔者（2015b）在对英语演讲语篇中一般疑问句的特点及功能进行研究时，将一般疑问句分为带隐性答语的 (implicit-answer-providing) 一般疑问句（简称 IAP 一般疑问句）和带显性答语的 (explicit-answer-providing) 一般疑问句（简称 EAP 一般疑问句）。本书对问答结构的研究继续延续此种分类和命名方式。详见杜娟（2015b）。

是本书的另一研究动因。

本书的研究思路如下：以系统功能语言学的主位结构理论和信息结构理论以及 Winter 的小句关系理论为理论基础，综合考虑问答结构的类型特点、政治演讲的特点等因素，提出演讲人运用问答结构组织英语政治演讲语篇时主要采取的策略，阐述本书的工作框架。通过分析论证说明，这类语篇中的问答结构可以起到独特的承前和启后功能。另外，本书对该结构各种语篇组织功能得以实现的前提条件、表现出的自问自答模式类型分别进行描写和探讨，在此基础上重点讨论问答结构是如何组织语篇的，都有哪些组织方式。本书的主要研究问题包括：

其一，问答结构在英语政治演讲语篇中有哪些组织功能；

其二，问答结构在英语政治演讲语篇中的组织功能是以何种方式实现的。

本书对问答结构的语篇组织功能的分析主要从宏观上、整体上考虑，并非拘泥于微观层面的局部连贯性。本书分析的是语篇中句子之间及句子以上层面之间的关系——句际关系（inter-sentential relations），而句子内部之间的关系——句内关系（intra-sentential relations）不在本书研究范围之内。之所以选择从宏观层面进行研究，是因为宏观研究可以揭示两个以上意义单位之间的联结问题，它是小句关系研究的重点，在语篇的建构和连贯方面起重要作用（郑丹 2011: 44），“句际关系可以反映作者在组织和呈现语篇时的设想和选择”（杨玉晨 2011a: 80）。这样可以更好地帮助我们从整体上把握演讲人是如何利用问答结构更加有效组织和呈现语篇的。本书研究的核心内容为挖掘出问答结构具有的各种承前和启后功能的实现方式。对这一结构语篇组织功能的实现方式的研究主要涵盖以下三个方面。

第一，由问答结构组成的语段内部的研究：答语在问句的支配和影响下是以何种方式展开的；

第二，问答结构与其上文语篇之间关系的研究：该结构是以何种方式承接上文语篇信息的；

第三，由问答结构组成的语段之间关系的研究：不同的问答结构之间是如何相联、相关，共同构建整个演讲语篇框架的。

本书的研究将采用描写与解释相结合的方法，力图对英语政治演讲语篇中问答结构的特点、类型及具有的组织功能、功能的实现方式等进行描写、分析和解释，尽可能做到观察、描写和解释[1]的充分性。另外，本书的研究是一项以大量语料为支撑的定性研究。为了确保分析的客观性及全面性，本书研究的语料涵盖了20世纪和21世纪重要的政治演讲语篇。语料主要来自美国修辞网上的20世纪美国最具影响力的100篇政治演讲[2]（top 100 speeches）、21世纪美国重要的50篇演讲（50 important speeches in 21st century America）及Washington（2009）的*The Inaugural Addresses of the U.S. Presidents*，共收集到政治演讲语篇202篇。具体的语料统计情况参见本书的附录一。

本书共分为六章。第一章对研究对象进行详细的界定和分类，并对国内外问答结构以及演讲语篇，尤其是英语政治演讲语篇的研究现状进行梳理，点明本书的研究重点。

第二章阐述本书研究的理论基础和分析框架，提出演讲人运用问答结构组织英语政治演讲语篇时采取的两个基本策略，通过分析论证，说明问答结构在英语政治演讲语篇中能够起到独特的承前和启后作用，即导入–详述功能、总结–诱思功能和框定功能。

第三章到第五章是本书的主体部分。第三章重点讨论问答结构在英语政治演讲语篇中的导入–详述功能，包括对实现这种功能的前提条件、问答结构与演讲语篇的特征关联性、常见的答语范围判定手段、具有这种功能的自问自答模式类型等的分析和描写，并在此基础上重点讨论这种结构导入话题和详述话题的方式。第四章聚焦总结–诱思功能。在对与这种功能相关的前提条件、特征关联性、自问自答模式类型进行分析和描写的基础上，重点讨论具有这种功能的问答结构承接语篇的方式。第五章讨论问答结构的框定功能。在分析探讨问答结构具有框定功能的前提条件、选用这种结构框定语篇构架的优势、自问自答模式类型等的基础上，重点讨论该结构框定语篇构架的组织方式。

---

[1] 沈家煊先生在为张伯江、方梅（1996）《汉语功能语法研究》作的序中（第3-4页）指出：不同于形式主义学派，功能主义学派主张从语言结构的外部寻找对某一语言现象的解释。这里所说的“外部”主要包括三方面：一是语言的功能，二是从认知上来解释，三是从语言的历时演变解释语言的共时结构。

[2] http://www.americanrhetoric.com/top100speechesall.html。这100篇演讲语篇是经137位公众演讲研究领域的知名教授根据演讲的社会和政治影响力及其修辞艺术等因素推荐、由Stephen E. Lucas和Martin J. Medhurst两位教授编辑选出的。

第六章对全书观点进行总结。

本书属于对问答结构研究的进一步补充，通过提出演讲人运用问答结构组织语篇时主要采取的两条策略，拓深了对英语政治演讲语篇的研究。笔者期望本书的研究成果能为其他结构的语篇组织功能研究提供范式和方法，并有助于推动英语语篇尤其是演讲语篇教学和写作教学。由于笔者才疏学浅，本书定有不足之处，敬请广大读者批评指正。

本书是在笔者博士论文的基础上修改整理而成的，在研究过程中，得到了许多师长学友的帮助和支持，在书稿付梓之际，我要向所有在本书出版过程中给予我帮助和支持的人表示最衷心的感谢。首先，我要深深感谢我的博士生导师河南大学外语学院的张克定教授，没有恩师的指导，本书就不可能面世，恩师不仅传授了我专业知识，更教会了我如何做人、做事，这些都是我一生宝贵的财富。感谢同济大学的张德禄教授、北京师范大学的苗兴伟教授及河南大学外语学院的徐盛桓教授、徐有志教授、牛保义教授、刘辰诞教授、杨朝军教授、姜玲教授对本书的研究提出的宝贵意见和建议！另外，本书的出版得到了河南大学大学外语教研部的资助，在此对大学外语教研部各位领导的关心和支持一并致谢，并向所有关心帮助过我的同门师兄弟姐妹、同事、朋友们表示我诚挚的谢意！在书稿的编校过程中，责任编辑陈晓林女士给予笔者诸多帮助，特此致谢！

目　　录

第一章 研究述评

英语问答结构中的两种问句类型——EAP疑问句和IAP疑问句[1]——是修辞学中两种常见的修辞方式。对它们的研究由来已久，起初主要是在修辞学的范畴内进行的，可上溯到亚里士多德时期。进入20世纪后，这两种修辞方式引起了语言学界尤其是语用学派的关注。相比较而言，IAP疑问句更加受到学者们的关注，他们对这类疑问句的定义、特征、修辞功能、语用功能等作了深入的探讨，并取得了很多成果。但是，对EAP疑问句的研究相对比较薄弱，而且，少有学者以大量的语料分析作为支撑或将EAP疑问句和IAP疑问句这两种疑问句置入特定的语篇类型，研究它们的语篇组织功能，更少有人研究其组织功能的实现方式。本章首先对研究对象做详细的界定和说明；其次，在明确研究对象的基础上，主要从修辞学和语用学两个视角[2]分别对问答结构的以往研究进行梳理；再次，对问答结构的语篇功能研究和英语政治演讲语篇的研究进行回顾；最后，指出以往研究中还有待改进和补充的方面。

[1] 本章第一小节会对这两种问句及其对应的结构进行界定和说明。

[2] 自问自答句是疑问句的一种特殊用法，从修辞、语用的视角研究得较多，一般不做形式方面的分析，也鲜有学者从认知或系统功能方面对其进行研究。因而本书主要就修辞和语用两方面进行文献综述。

1.1 研究对象的界定和说明[1]

一般而言，当提及句子类型时，主要是指句子的功能类型。按照在交际中的作用，句子可以分为以下四种：陈述句、疑问句、祈使句和感叹句。尽管“多年来对问句的研究在语言分析的各个层面上都有所涉及”（Freed 1994: 621），并取得了大量成果，但是“关于问句该如何界定和分析，仍然存有很大的分歧”（Freed 1994: 622）。对英语疑问句可以从不同的视角进行分类，本书对疑问句的分类主要依据问话人和答语两个参数。根据问话人对答语的需求与否，我们将问句分为诉诸答语句（answer-requesting questions）和自问自答句（answer-providing questions）。诉诸答语句就是典型的疑问句，或者说真正的疑问句（genuine questions），其特点为有疑而问和求取信息，行使探询功能，即疑问句的本原功能（徐盛桓 1999: 3）。例如[2]：

（1）A: When will you come back?
B: Tomorrow afternoon.

（2）Early in the morning he sought out the priest. I know by experience that a priest is very cross when awakened early in the morning, and when he shook that old priest out of his dreams, Ali Hafed said to him:
“Will you tell me where I find diamonds?”
“Diamonds! ***What do you want with diamonds?***”
“Why, I wish to be immensely rich.”
“Well, then, go along and find them. That is all you have to do; go and find them, and then you have them.” (*Russell Conwell, Acres of Diamonds, Delivered over 5000 times at various times and places from 1900—1925*)

---

[1] 本节中对研究对象的界定部分作为前期成果已被刊发，详见杜娟（2015c: 20）。
[2] 本书未标明出处的例子均为笔者的内省例句。

例（1）为日常会话中的一个问答序列，问话人针对时间进行询问并由听话人回答。例（2）是 Russell Conwell 所做的题为“Acres of Diamonds”演讲中的一部分，是演讲人为了证明自己的观点而举的一个例子，其中有为了探询信息而提出的 what 疑问句，如粗体所示。Ali Hafed 想让牧师告诉他在何处能找到钻石，牧师觉得很诧异，于是就问 Ali Hafed“你要钻石干什么”，要从 Ali Hafed 处探寻信息。在这两个例子中，问话人提问时均认为听话人知道答语，并期望从他那里得到相关信息，听话人则针对问话的内容作出回应。这种诉诸答语句或者说有疑而问句在日常会话中经常出现。

问话人有无填补信息空缺的期待是划分有疑而问和无疑而问的标志（谭晓云 2005: 18）。自问自答句的典型特征是无疑而问和自问自答，即讲话人本人知道问句的答语，不期待听话人针对问句填补信息空缺，因而这种问句不同于典型的求取信息的疑问句，是讲话人为了提供答语而提问的，有其特殊的使用意图和功能。无疑而问和自问自答这两个特征也是本书研究对象的判断标准。鉴于问与答语义上紧密联系在一起，二者互为存在的基础，因此，本书对自问自答这种语言现象的语篇组织功能的研究不仅涉及问句，而且也涉及答语。这种既有问句又有答语的结构可称为问答结构。据此，本书将问答结构界定为：

问答结构是讲话人提出问题但不需要听话人回答，而由讲话人自己提供答语的结构。

根据讲话人提供答语的方式，问答结构可以细分为两种：一种是疑问句后面跟有显性答语的结构，简称 EAP 结构。这种结构中的疑问句（以下简称 EAP 疑问句）是为了在讨论中引入一个新的话题或者发展一个论题而提出的，问句后面常常跟有讲话人给出的解释或答语（Ilie 1994: 9），常被称为讲解式疑问句（expository questions），修辞学称之为设问（hypophora）。另一种则是答语隐含于问句之中的问答结构，简称 IAP 结构。这种结构中的疑问句（以下简称 IAP 疑问句）有问句的形式，但行使的是陈述句的功能。一般来讲，这种问句后面并不紧跟答语，讲话人已将答语隐含在问句中，听话人根据上文或者根据常识经过简单推理就能得知。狭义的修辞疑问句[1]（rhetorical questions）、反问句和诘醒句等都属于IAP疑问句。至此，我们可以将句子的类型用图1.1表示。

- 句子类型
  - 陈述句 (declarative)
  - 疑问句 (interrogative)
    - 诉诸答语句 (answer-requesting questions)
    - 自问自答句 (answer-providing questions)
      - EAP疑问句 (explicit-answer-providing questions)
      - IAP疑问句 (implicit-answer-providing questions)
  - 祈使句 (imperative)
  - 感叹句 (exclamative)

图1.1　句子类型

问答结构常常用于英语政治演讲语篇中。演讲人通过使用EAP疑问句或IAP疑问句，显性或隐性地为听众提供问句的答语，从而更加有效地组织语篇，帮助其达到演讲的目的。英语政治演讲语篇中出现的问句绝大部分都是演讲人为了提供答语而提出的。这种问与答的结合体，即问答结构，是这类语篇的一个特征。因此，本书将研究对象确定为英语政治演讲语篇中的问答结构，既包括后面跟有显性答语的EAP结构，也包括答语囿于问句之中的IAP结构，如本书前言的例（1）和例（2）所示。

针对研究对象还有以下四点需要说明：

其一，无疑而问和自问自答是本书研究对象的两个特征，也是判断是否属于研究对象的标准。只要问句在语篇中具有这两个特征，不管该问句从句法形式上讲是表现为规则的疑问句［如例（3）］、不规则的疑问句［如例（4）］、陈述疑问句［如例（5）］，还是其他一些不规则或省略用法如“How?”“What about/How about … ?”等，都属于本书的研究对象。

[1] 从广义上讲，只要问话人不期望听话人给予答语的问句都属于修辞疑问句（布斯曼 2000: 408），本书讨论的这两种自问自答句都在广义的修辞疑问句之列。英语本族语使用者则把修辞疑问句包含的范围扩展得更广，只要不是寻求信息的问句，都被称为修辞疑问句，甚至包括“How do you do?”“Does anyone mind if I smoke?”之类公式化的问句。Ilie（1994）认为这属于对修辞疑问句这一概念的误用。对狭义的修辞疑问句所包含的范围是仁者见仁智者见智，我们将在本章第二节详细介绍。

（3）How did you make your fortune?（规则的疑问句）

（4）How you made your fortune?（不规则的疑问句）

（5）So you made your fortune how?（陈述疑问句）

然而，在英语政治演讲语篇中，诸如例（6）、例（7）的疑问句将被排除在研究范围之外。这是因为，例（6）中的“so why can't we be generous with each other?”虽然是 IAP 疑问句，但它只是例（6）这个句子的一部分，与“we are a generous people”之间的关系为句内关系，属于微观层面，而本书是要从宏观上探讨问答结构的组篇功能，分析的是这种结构与其他句子或更大单位之间的关系，故此，例（6）并不是本书的研究对象。例（7）虽然形式上似问答结构，但实际上，这只是演讲人在询问听众，让其思考，至于“能否建立一个世界各地的全球联盟来共同抵御这些敌人，听众是否愿意加入”并没有固定的答语，答语因人而异，因而这样的问句不能满足问答结构的两个特征，也不属于本书的研究对象。

（6）We are a generous people, so why can't we be generous with each other?（*Barbara Jordan, Democratic National Convention Keynote Address, 1976*）

（7）Can we forge against these enemies a grand and global alliance, North and South, East and West, that can assure a more fruitful life for all mankind? Will you join in that historic effort?（*John Kennedy, Inaugural Address, 1961*）

其二，IAP 疑问句后虽然不需要显性答语，“隐性非言语的答语是修辞疑问句的本质特征”（Ilie 1994: 84），然而这并不意味着这类问句后面就不能出现答语。Ilie 认为，言语性的答语是这类问句的一个选择性特征，因而这类问句可以有两种答语：一是由讲话人隐含的、必有的、推论出的心理答语；二是由讲话人或听话人提供的非必有的言语答语（Ilie 1994: 84）。虽然听话人有时会为 IAP 疑问句提供答语，但这种情况一般在日常会话中才有可能出现。

在演讲语篇中，听话人提供答语的概率很小。在搜集到的语料中并未出现听话人提供 IAP 疑问句答语的情况，如果 IAP 疑问句后有答语出现，一般都是由讲话人自己提供的。Beekman 曾指出，真正的问句一旦被回答，其回答人总是除提问人之外的某一个人，而修辞疑问句[1]一旦需要回答，其回答人一定是提问人本人，不可能是其他任何人（Beekman 1972: 4）。鉴于此，我们在研究 IAP 结构的语篇组织功能时，讨论的都是无言语答语或讲话人提供（如果有）言语答语的 IAP 结构。

其三，问答结构中的问句既可以以特殊疑问句的形式出现，简称 wh-问答结构，也可以以一般疑问句的形式出现，简称 yes-no 问答结构。

英语疑问句可以根据它们所期望的回答类型分为三类（Quirk, *et al.* 1985: 806）：一是一般疑问句（yes-no questions），又叫是非疑问句，期望听话人针对问句作肯定或否定的回答；二是特殊疑问句（wh-questions），通常期望听话人从开放性的答语范围中针对问句作出回答，wh-疑问词是关注的焦点；三是选择疑问句（alternative questions），期望听话人从给定的两个或多个选项中选出一个作为问句的答语。分别举例如下：

（8）— Do you like it ?

— Yes, I do. /No, I don' t.(一般疑问句)

（9）— How old are you?

— I' m ten/twenty.(特殊疑问句)

（10）① — Do you want to take a walk or stay at home?

— Stay at home.

② — Which one is better, the red one or the yellow one?

— The red one.

(选择疑问句)

如例（10）所示，选择疑问句有两种，一种在形式上与一般疑问句相似，

[1] 本书的引文尽量按照原术语表达，此处的修辞疑问句就是指本书研究对象中的 IAP 疑问句。对修辞疑问句的界定并不统一，在未加说明的情况下，后文中提到的修辞疑问句都属于（有些则等同于）本书讨论的 IAP 疑问句的范围。

一种则在形式上与特殊疑问句相似。但是通过与例（8）和例（9）的答语比较可知，选择疑问句在功能上与特殊疑问句更加相似，因为这两种类型的疑问句“都是要使某一未知的元素即 wh-疑问词所代表的内容和选择疑问句中所列的选择项明晰化”（Biber, *et al.* 1999: 208）。而且，Tsui 也认为，从期望的答语看，选择疑问句并非独自为一范畴，它属于求取信息而非求证假设问句的范畴（Tsui 1992: 98）。鉴于本书的研究对象主要是从功能上界定的，而且在语料中，选择疑问句与其答语构成问答结构的用例仅有18个，因此，在分析语料时将这种问答结构并入 wh-问答结构进行研究。wh-问答结构中的问句聚焦于 wh-疑问词，主要用于提供缺失的信息，因而与其他疑问句类型相比较而言，更常用于书面语篇或独白语篇中（Biber, *et al.* 1999: 212），与其答语构成一问一答的问答结构，为听众提供信息，从而推动语篇信息流的发展。

一般疑问句是日常会话中主要选用的疑问句形式，是指“期望听话人针对问句作肯定或否定回答的问句”（Quirk, *et al.* 1985: 806）。但是，大量研究表明：一般疑问句除了可以用于求证假设，也可以用于求取信息，其答语在前一种情况下只做肯定或否定回答，在求取信息时则类似于特殊疑问句，需要针对该一般疑问句隐含的特殊疑问句进行回答，提供更多信息（Kiefer 1980，Yadugiri 1986，Tsui 1992，Richards 1998）。Kiefer（1980）将这种可以被解读为特殊疑问句的一般疑问句称为焦点问句（focus questions），认为之所以选用焦点问句而非特殊疑问句的原因有两点：一是一般疑问句的语义结构比特殊疑问句的语义结构简单；二是一般疑问句更具信息性或者说提供的信息更多（Kiefer 1980: 104-105）。焦点问句属于信息问句，它作为一般疑问句的一种特殊用法常用于英语政治演讲语篇中，这种问句的答语可以算作 Quirk 等（1985）提到的语用上适切答语的一种特殊表现方式。它不仅是演讲人根据演讲意图以自己提出的问句作为引子进一步阐释意欲传递的信息的一种语用手段，而且也是演讲人用于组织演讲语篇的一种方式或手段。因此，焦点问句也属于本书的研究对象。

其四，EAP 结构是讲话人自己提出问句并进行解答，IAP 结构有时也可以由讲话人提供答语，这两种结构看似相同，其实不然。EAP 结构是讲话人故意提出问句，其答语不为听话人所知，讲话人通过提出问句从而在讨论中引入一个新的话题或者发展一个论题，又通过提供答语向听话人传递信息。

然而，当选用 IAP 结构时，讲话人即使不自己回答，听话人也能很容易地从问句本身推出答语，讲话人自己提供的答语与问题的隐含答语是相同的。例如：

（11）And 1964 looks like it might be the year of the ballot or the bullet. ***Why does it look like it might be the year of the ballot or the bullet?*** Because Negroes have listened to the trickery and the lies and the false promises of the white man now for too long, and they' re fed up … Understand this, it' s dangerous. (*Malcolm X, The Ballot or the Bullet, 1964*)

（12）First thing Johnson got off the plane when he became President, he asked "Where' s Dicky?" You know who"Dicky"is? Dicky is old Southern cracker Richard—Richard Russell. Look here, yes. Lyndon B. Johnson' s best friend is the one who is the head, who' s heading the forces that are filibustering civil rights legislation. ***You tell me how in the hell is he going to be Johnson's best friend? How can Johnson be his friend and your friend too?*** No, that man is too tricky. Especially if his friend is still old Dicky. (*Malcolm X, The Ballot or the Bullet, 1964*)

例（11）和例（12）都是美国民权领袖 Malcolm X（马尔科姆·艾克斯）1964年4月3日演说的一部分。例（11）中的 why 特殊疑问句就是一个 EAP 疑问句，问句之后演讲人直接给出了答语，这两部分共同构成一个 EAP 结构，导入并详述“为什么1964年不是投票之年就会是子弹之年”这一话题。而例（12）中的粗体部分则是答语隐含的 IAP 结构。演讲人选用两个 how 特殊疑问句，并非真要听众针对 how 回答出一、二、三条，而是想要听众通过简单的逻辑推理，从而意识到真相——我们被骗了，Johnson 实在是太狡猾了。How 特殊疑问句后的内容“No, that man is too tricky. Especially if his friend is still old Dicky.”并不是对问句本身的回答，因为对特殊疑问句的回答不能用 no。它是针对这两个 IAP 疑问句的隐含义所作的回应语，与隐含义是一致的，也属于 IAP 结构的答语的一种。本书的研究对象既包括例（11）这样的 EAP 结构，也包括例（12）这样的 IAP 结构。

1.2 英语问答结构的研究回顾

1.2.1 修辞学关于英语问答结构的研究

修辞学是语言学、社会学和语言心理学等学科的交汇点，它主要研究的是私人（日常使用）和公共场域（政治、广告和法律等）中任何用于说服的语言使用现象（布斯曼 2000: 407）。邱明波（2010: 65）认为修辞性用法之所以形成，是因为原来受语法限制的句子受到了特定修辞动因的驱动而发生变异，从而可以“顺应”具体表达的需求。英语问答结构就是这样一种讲话人 / 作者为了说服听话人 / 读者而选用的结构，结构中的问句并非向听话人 / 读者求取信息，而是“顺应”语境的需要，采用自问自答的形式，从而形成一种特殊用法。

在修辞学中，问答结构的类型之一——EAP 结构的问句被称为设问。一般的修辞学著作谈到这种修辞格时，都认为它有引起读者注意，增强表达效果和说服力的作用。绝大多数学者（如吕叔湘 1982, 王德春、陈晨 2001等）认为这种修辞方式的特点表现为无疑而问和自问自答，目的是引起受话人注意和思考，从而使答语受到更多的关注。吕叔湘（1982: 296）指出，这种用法是引起对方注意的一种修辞方法，以特指问句为多。王德春、陈晨指出，这种修辞方式是以形式立格，用问句形式引起读者 / 听话人的注意和思考，从而可以突出话题或话语的中心，并可以起组织话语的作用（王德春、陈晨 2001: 330）。在这里，王德春、陈晨提到了这种修辞方式具有组织话语的功能，但只是一带而过，并未作具体解释。刘大为（2008）对表无疑而问的修辞疑问句[1]的形成做了深入细致的研究。他认为，用于形成这种修辞现象的最基

[1] 这里的修辞疑问句覆盖面很广，几乎包括所有表“无疑而问”的修辞用法，如反诘问、试诘问、正诘问、推诘问、设问、接引问、提醒问、考问、诱问、诘难问、招呼问等，详见刘大为（2008: 1）。本书的研究对象主要对应于其中的设问和反诘问。

本的策略就是在无疑中设疑，也就是说，在无疑中通过让步制造信息差来设疑。在他看来，设问是“在篇章动因塑造下形成的”（刘大为 2008: 1），它是通过肯定性让步来获取信息差的一种修辞方法，它只是让步到承认这一命题的信息不确定或不充分，而且问话人认为至少问话时听话人还存有信息差，因此做了自问自答（详见刘大为 2008）。邱明波认为，这种修辞方式中讲话人本身没有信息差，是他假定听话人存有信息差，讲话人发问的目的是启发听话人思考来填平这一信息差（邱明波 2010: 70）。他还指出，这种修辞方式的修辞目的在于说服、劝慰、教育他人同意自己的看法（邱明波 2010: 70）。

问答结构的类型之二——IAP 结构是一种非常常见的修辞性用法，受到修辞学者们的广泛关注。在古希腊和古罗马时代，人们就意识到 IAP 结构是为讲话人的交际目标服务的。比如，Aristotle 认为，这种修辞方式的目标是加强论点，或出其不意，攻其不备，使对手陷入进退两难的困境（转引自冯江鸿 2004）。Kiefer（1980）认为，这种修辞方式并不需要答语（而且也并不需要非言语的回应），因为它是用于独白中或答语由讲话人本人提供的。

国内也有学者对 IAP 结构从修辞学的角度进行了研究。吕叔湘指出，除询问以外，问句最重要的用途是反诘[1]（吕叔湘 1982: 296），这种用法是一种否定的方式：问句里若没有否定词，那么这句话的用意就在否定；问句里若有否定词，那么用意就在肯定（吕叔湘 1982: 290）。刘大为认为，这种修辞用法是“在主观化动因塑造下形成的”（刘大为 2008: 1），通过否定性让步（让步到否定本人原有的信息）来获取信息差的一种修辞方法，这种用法表达的语气更强烈，通过退到否定自己的地步来肯定自己，从而能够带来信度[2]大幅度提高的效果。李美华对演讲语篇中的这种修辞现象进行了研究，认为这种修辞方式在演讲语篇中有三种功能：一是在语义和情感上强调某种重要的信息和思想，二是帮助说理论证，三是增强语篇表现力和感染力（李美华 2009: 123）。

综上所述，从修辞学视角对英语问答结构的研究已经有了漫长的历史，

---

[1] 反诘（句）或称反问句是本书所界定的 IAP 疑问句中最常用的句型，其典型特征是：无疑而问，答案囿于问句中，肯定问句表其否定义，否定问句表其肯定义。

[2] 刘大为把信度定义为“传信过程中人们对信息可靠性的主观认知”，并指出让步的同时还有两条提高心理信度的原则在起作用（刘大为 2008: 5）。

并且愈加深入，如已有学者开始对其修辞动因进行理论探讨等。但是，这方面的研究成果并不多，而且对这种修辞现象的界定还没有统一。

1.2.2 语用学关于英语问答结构的研究

进入20世纪以来，自问自答句引起了语言学界尤其是语用学派的关注，其中备受关注的是 IAP 疑问句，西方语用学界称其为修辞疑问句[1]，其中有代表性的是 Schmidt-Radefeldt（1977）、Ilie（1994）、Rohde（2006）等的研究。对 IAP 疑问句的研究大致可分为两个方面：一方面是倾向于理论层面的探讨，即对问句本身的研究，包括对这类问句的界定、性质等的研究；另一方面是倾向于应用层面的探讨，即对 IAP 疑问句所起到的功效，尤其是对它的说服功效的研究。

修辞疑问句的界定问题一直是语用学派关注的内容，对于修辞疑问句具有问句和断言的双重特征这一论断学界已经达成共识。在此基础上，有些学者常常将对这类问句的界定与隐含单一的否定的答语联系起来，如 Quirk 等（1972, 1985）、Leech（1983）、布斯曼（2000）等，而有些学者在界定修辞疑问句时则更关注它既不寻求信息也不期盼听话人给出答语这一方面，如 Cuddon（1999）、Chernilovskaya（2010）等。Quirk 等（1972: 401, 1985: 826）、Leech（1983）将这类问句看作一种表达强烈陈述效果的问句，认为肯定修辞疑问句就像一个表达强烈否定意味的断言，而否定修辞疑问句则像一个表达强烈肯定意味的断言。Quirk 等还指出，修辞疑问句相当于一个由否定或肯定的成分替代特殊疑问词的陈述句（Quirk, *et al.* 1985: 826），从交际效果看，修辞疑问句与附加疑问句相似，因为它们都要求听话人确认并接受讲话人所传达的信息（Quirk, *et al.* 1985: 1478）。布斯曼将这类问句定义为“引导听话人从问题内容的反面来理解的问句”（布斯曼 2000: 408）。Taiwo（2005）指出，修辞疑问句常见于由政客、诗人等所做的正式演讲语篇中，它形式上似问句，实则是用于强调陈述义。Cuddon 将修辞疑问句定义为“不期盼答语或答语不言自明的问句。主要用于文体效果，是公共演讲尤其是讲话人想要

[1] 本书命名的IAP疑问句在西方语用学界统称为修辞疑问句（rhetorical questions）。本书引用的内容尽量与原术语保持一致，在不加说明的情况下，以下提到的修辞疑问句均指 IAP 疑问句。

激发情感时非常常用的一种手段”（Cuddon 1999: 748）。Chernilovskaya（2010）认为，修辞疑问句是讲话人已知答语并用于传达想要强调突显的内容的问句。Borjars 和 Burridge（2010）也指出修辞疑问句在形式上与普通的疑问句相同，但能起到强调的陈述效果，并且答语对于听话人来说是很明显的。

Frank（1990）、Loos 等（2003）、Chernilovskaya（2010）等从语用的视角探讨了修辞疑问句的功能。Frank（1990）指出，修辞疑问句最重要的功能之一是使讲话人作出更强有力的陈述，并带有更强的隐含义，而且这一结论已得到先前的心理学研究的证实。Loos 等（2003）明确指出该疑问句具有言外之力，可表示命令、试探性的陈述和评价等。Chernilovskaya（2010）指出，修辞疑问句的语篇作用在于强调该疑问句想要传达的内容即隐含答语，并且这一内容是讲话人和听话人都知道的。Biber 等（1999: 206）在谈及修辞疑问句时，认为这种疑问句是用于表达一种观点或看法而并非真正地提问问题，通过选用疑问句形式，讲话人让听话人充当评判人，但并不需要听话人作出显性的回答。Abioye 认为修辞疑问句有以下功能。一是修辞功能：主要用于表达强烈的情感，激起听话人的情绪；二是文体功能：修饰作者的写作风格，从而不同于传统风格；三是劝导功能：有助于某一（尤指听话人 / 读者的）观点的形成或改变，在讲话人 / 作者和听话人 / 读者之间创建人际互动的方式和手段；四是语法功能：主要见于语篇中的主位聚焦或指称突显（Abioye 2009: 3）。但 Abioye 也只是因写作的需要提到了这些功能，未对各种功能做深入细致的探讨。

也有相当一部分学者对修辞疑问句在不同的语境，如庭审论辩、社论、课堂教学、市场营销、广告等方面的劝导功能进行了研究，如 Zillmann（1972）、Petty 等（1981）、Slot（1993）、Mothersbaugh 等（2002）、Ahluwalia 和 Burnkrant（2004）等。

对修辞疑问句进行系统深入研究的有 Schmidt-Radefeldt（1977）、Howard（1991）、Ilie（1994）和Rohde（2006）等。Schmidt-Radefeldt（1977）将修辞疑问句区分为四种：第一种为问答序列型修辞疑问句（question-answer sequence rhetorical question）。他认为，从这种句型的语用连贯力来讲，称之为问答序列的修辞用法（the rhetorical use of question-answer sequences），要比称为修辞疑问句更为适切。而且，在他看来，既然“提问和回答是自然语言的一种普遍现象，那么，问答序列的修辞用法也会是一种普遍现象”（Schmidt-Radefeldt 1977: 379）。问答序列中的问句已不再具有真正的求取信息的功能，它们是用来强调疑问域所预示的论点的本质（the particular nature of an argument indicated by the scope of the interrogative）（Schmidt-Radefeldt 1977: 380）。

Schmidt-Radefeldt（1977）区分的另外三种修辞疑问句为：自动回答型修辞疑问句（auto-responsive rhetorical question, ARQ），它是指句子中的焦点成分为一个简单的或复杂的 wh-疑问代词（wh-proform），并且这一 wh-疑问代词是由一个存在于句子表层结构中的描述性术语或语境决定的信息所指配的，如“Who else burns a cheque if not an idiot?（如果不是个白痴，谁又会把钞票烧了呢？）”（Schmidt-Radefeldt 1977: 382）；含蓄型修辞疑问句（implicative rhetorical question, IRQ），它是指讲话人认为他要说出的命题内容是微不足道或众所周知的，如“Which reasonable man would vote conservative（哪个有理性的人会选保守党呢）?”（Schmidt-Radefeldt 1977: 383-384）。另外一种就是将 ARQ 型问句和 IRQ 型问句混合起来的用法，可称为 ARQ-IRQ 型修辞疑问句，它通过比较结构强调问句中的某一个成分。这种类型与其他类型的不同之处表现在焦点成分的一个特定的特点与绝对价值（absolute value）进行比较，如“What could be more wonderful than the universe（什么还会比宇宙更精彩的呢）?”（Schmidt-Radefeldt 1977: 385-386）。

在谈论修辞疑问句作为另外一个问句的答语时，Schmidt-Radefeldt 指出，这种用法不仅仅是一种答复，而且也是对该问句的反诘。例如：

（13）A: Do you speak of the lady?

B: Who else should I be talking of?!(Schmidt-Radefeldt 1977: 389)

在例（13）中，听话人 B 通过选用一个修辞疑问句“那我还该谈论谁呢？”不仅回应了问话人 A，而且答语中也含有一种反诘语气，即“我当然是谈论她了，你怎么会问这样的问题”。最后，Schmidt-Radefeldt 得出结论：修辞疑问句的表层形式可以看作疑问句，从语义和语用上看，它是由断言的言外之力（illocutionary force）决定的（Schmidt-Radefeldt 1977: 391）。

Howard（1991）对广告语篇中的疑问句进行了分析，也对修辞疑问句进行了细分，指出有三种常用的修辞疑问句形式：一是修辞–一致型问句（rhetorical-agreement question），即要求读者或听众同意疑问句的断言，如“Shouldn't every puppy get a little variety?”；二是修辞–让步型问句（rhetorical-concession question），即通过让步使读者或听众意识到问句表面观点的对立面才是正确的，如“What good is a wicked backhand if you can't get to the ball?”；三是修辞–疑惑型问句（rhetorical-doubt question），即问句中隐含着读者或听众原本相信是事实的内容可能是假的，如“Are you sure your home insurance provides all the protection you deserve?”。他还指出，这些类型的修辞疑问句都倾向于出现在它们所指的论点的后面。

Ilie（1994）对作为话语和论辩行为的英语修辞疑问句进行了详细深入的语用研究，并在修辞疑问句的判断标准、定义、与真正疑问句的区别、功能等方面提出了自己独到的见解，为英语口语和书面语篇中修辞疑问句的识别、描写和理解提供了一个语用框架。在他看来，判断修辞疑问句应依照两条重要标准：一是不期待听话人给出答语；二是答语隐含于问句中，不言自明（详见 Ilie 1994: 1-4）。他认为，以往对修辞疑问句所做的定义都是关注句法和语义因素，而忽略了语用因素，其实“语用因素，而非其他因素如句法、语义等，在修辞疑问句的使用和理解方面起到决定性的作用”（Ilie 1994: 45），修辞疑问句是“问句的一种特殊用法，而并不是问句的一种特殊范畴”（Ilie 1994: 5），并将其定义为：

“修辞疑问句是一种表达富有挑战意味的陈述义的问句，用于传递讲话人对该问句的隐含答语的坚信，从而诱导听话人从心理上对隐含答语的识别及通过言语或非言语接受该答语的有效性。”（Ilie 1994: 128）

换句话说，修辞疑问句的挑战性（the challenge of the questions）与问句答语的隐含性共存，因而它能起到作为问句和作为间接陈述句的双重效用（Ilie 1994: 128）。他还认为，修辞疑问句与真正的疑问句区别并不在于是否有答语，而在于问句与特定类型答语之间的关系，而这种关系反映在给定的语境中修辞疑问句所起到的以问题为基础和以陈述为基础的功能之中。与真正的疑问句不同，修辞疑问句听起来是问句，却应当作陈述意思来理解。修辞疑问句既不是无答语的（answerless），也不是不能回答的（unanswerable）问句。作为论辩行为，修辞疑问句可以展现出不同程度的有效性。Ilie 还指出，英语修辞疑问句具有引导、加强和改变听话人的假设、信念或思想的话语功能（discursive functions）。（Ilie 1994: 128）

Rohde（2006）通过对语料的观察，发现修辞疑问句的答语可以是多种形式的，包括肯定 / 否定、空集 / 非空集、单一 / 多个答语等，这种问句既不像求取信息的常规疑问句，也不像提供信息的陈述句，Rohde（2006）将其命名为冗余疑问句（redundant interrogatives）。为了衡量修辞疑问句的适切性，Rohde（2006）关注的是参与者是否共享一个答语和该答语是否显而易见这两个方面，并据此提出了讲话人和听话人二者的答语集之间存在的三个适切条件或者说修辞疑问句的使用条件：一是交际双方的答语集里有一个明显的答语；二是答语是非信息性（uninformativity）的；三是交际双方的答语有足够的相似性，双方的答语要一致，并处于语境给定的级阶中相同的一端（Rohde 2006: 135）。通过分析，Rohde（2006）认为，修辞疑问句能引起一个答语集，故而似疑问句，但是，某一特定答语的易见性又暗示了它断言的一面。因而，修辞疑问句并不告知语篇参与者任何信息，它是冗余的，只用于促使讲话人和听话人的信念达成一致。而 Chernilovskaya（2010）在 Rohde（2006）研究的基础上，提出了修辞疑问句的两个使用条件：一是交际双方知道问句的真实的、排他性（exhaustive）的答语；二是讲话人运用这一真实的答语来论证想要强调 / 突显的内容。

国内也有许多学者对 IAP 疑问句从语用的视角进行研究。谭晓云（2005）在言语行为的理论框架下对无疑而问句进行了研究，将无疑而问依据间接言语行为产生的方式分为两种类型：以问表非问和明知故问[1]。她将“以问表非问”式间接言语行为概述为：发问者不存在信息空缺也不要求填补，但有其他意图；而对于听话人而言，由于该疑问句的疑问域当时无法或不需要填补，也就无法或不需要回答，他就需要通过推理得出其言外之意（谭晓云，2005: 18）。殷树林（2009）还对英语和汉语中的这类语言现象进行了比较，认为不论是汉语、英语还是其他语言，这类问句的语用价值都是相同的，即诱导说

[1] Athanasiadou（1991）认为提问是影响信息组织方式的一种言语行为，他以讲话人的意图为出发点，区分了四种问句：信息疑问句（information questions）、修辞疑问句（rhetorical questions）、测试疑问句（examination questions）及间接请求疑问句（indirect-request questions）。此处的以问表非问在英语中指的是修辞疑问句，此处的明知故问指的是测试疑问句。因此，以问表非问属于本书的研究对象。

服和礼貌。冉永平、方晓国（2008）在语言顺应论的视角下，对这类问句的人际语用功能进行了研究，认为它具有缓和消极性语用用意以及降低话语驱使性语用用意的力度等语用功能，这类问句的顺应性其实是它的功能性的语境体现。赖彦（2011: 133-138）重点讨论了新闻话语中这类问句的暗辩与潜对话的修辞语用功能，并指出这类问句还可体现出愤怒与责备、惊奇与怀疑、批评与警告、质疑与反驳、提请注意等具体的潜对话功能。

当然，学者们除了从语用学视角对 IAP 疑问句进行细致研究外，也有学者从这一视角关注了 EAP 疑问句，但为数甚少。例如，在讨论问句类型的分布情况时，Biber 等（1999）将重点集中在学术语篇和新闻语篇中的特殊疑问句[1]，认为学术语篇中出现的特殊疑问句其实是一种说教策略，通过提出问题并提供答语对所谈内容进行解释，而新闻语篇中特殊疑问句的使用是因为作者试图将读者置于对话状态，从而阐明所有语言的使用，不管听话人是否在场，都具有对话性的潜能（Biber, *et al.* 1999: 213）。在国内，李萍（2005）从隐性预设、提问焦点以及间接言语行为等几个方面讨论了一般疑问句用作 EAP 疑问句的现象及其应答方式。邵敬敏（1996）指出，“自问自答”是这类问句最重要的形式特点，自问与自答是这类问句不可分割的一个整体（邵敬敏 1996: 153），并对我们常见的汉语 EAP 疑问句用法，即设问句的形式特点、语用价值等进行了研究。

综上所述，从语用的视角对英语 IAP 疑问句的研究是广大学者最关注的方面，已取得了丰硕的成果，但对 EAP 疑问句的语用研究仍然相对比较薄弱。

1.2.3 英语问答结构语篇功能的研究回顾

对语篇功能和语用功能的界定并不是很清晰，有时常常混淆使用，在讨论语篇功能时，不仅包含语篇组织和构建方面的功能，而且也包含语用方面的功效，如 Hyland 指出的学术语篇中的问句具有的七个主要功能——激发兴趣、设计写作目的、建立专项研究、组织语篇、表达作者的态度或评价、提出主张、建议进一步研究方向等（Hyland 2002: 10-22）——就是将语用功效

[1] 在学术语篇和新闻语篇中出现的问句大部分属于EAP疑问句和IAP疑问句两种类型。

和语篇组织功能统称为语篇功能。系统功能语言学则将语篇功能与语篇的构建紧密联系在一起。Halliday（1985, 1994, 2004, 2014）认为，作为一种社会和互动现象，语言主要行使三种功能：概念功能（又可细分为经验功能和逻辑功能）、人际功能和语篇功能。概念功能是指语言可以用来表现人们对主客观世界的认识和反映；人际功能则指语言可以体现对话双方之间的互动，确立言语角色、社会角色等；而语篇功能具有使能（enabling）的作用，可以使概念功能和人际功能得以实施，这是因为语篇功能"表征语言使用者构建语篇的潜势（text-forming potential）"（Malmkjaer 1991: 191），"语篇功能以语言为指向，通过小句内语言信息的组织与结构配置，构建衔接且连贯的语篇"（Halliday 1981: 328，转引自 Haratyan 2011: 261）。Fowler 在讨论语篇功能时也指出，"它关注的是语篇的创建（the creation of text）。……正是通过这一功能，语言才将自身与情境联系起来；篇章（discourse）才成为可能，因为讲话人或作者可以创作一个语篇，听话人或读者可以识别一个语篇"（Fowler 1991: 69）。杨玉晨也对 Halliday 提出的语篇功能概念做了进一步的阐释，认为语篇功能是指这样一种功能，即"语言作为符号系统，以统一的方式组织信息，使信息单位在逻辑上彼此自洽，并与言谈或书写发生的社会文化语境相适切"（杨玉晨 2005: 47）。据此，本书回顾和讨论的语篇功能与系统功能语言学对语篇功能的定义保持一致，是从语篇的构建方面来考虑的，主要讨论的是语篇的组织功能。

国内外一些学者对英语问答结构的语篇功能间接或直接地进行了研究。Kuppevelt（1995）指出，语篇是从一个内部的层级性的话题–述题结构得到连贯性的，而这一结构又是通过隐性和（或）显性提问来实现的（Kuppevelt 1995: 110），也就是说，语篇结构是在不断提问的过程中形成的。虽然 Kuppevelt（1995）主要是讨论并论证话题性是语篇组织的一个原则，但若换一个角度看，他的分析结果也间接说明了问句具有组织语篇的重要功能。Hoey（2001）对语篇组织模式进行了深入的讨论，提问–回答模式就是其中之一。他还指出，这些语篇模式都体现了"作者和读者知道并可以参考的问题模板（a template of questions）"（Hoey 2001: 119）。Thompson 指出，用语篇中读者（reader-in-the-text）的声音显性地提问是作者将"潜在的对话带到表面"从而展开语篇的方式之一（Thompson 2001: 59），这样做不仅可以显性地表明作者对读者处理语篇过程的关注和理解，而且也可以使读者接受语篇的发展方向（Thompson 2001: 61）。Gi Taek Ryoo[1]认为，写作是作者不停地回答自己从读者视角提出的问题的过程，他将“提问–回答”这一方式当作一项技能应用于对朝鲜大学生的大学英语写作的教学中，通过实验证明：“提问–回答”技能可以帮助写作者创造出组织性强、连贯性强的语篇。以上这些学者的观点有一个共同之处，他们都认为书面语篇体现了作者和读者之间的对话[2]，“作者必须通过制定两个参与者的角色展开互动”（Widdowson 1984: 65），创建语篇。

Hyland（2002）对学术语篇中的问句进行了研究。他指出，学术语篇是受提问“管制”（govern）的，这类语篇中的问句并不同于会话语篇中的问句，它具有一定的修辞功能。他通过统计分析表明，学术语篇中的问句中有三分之一是用于组织语篇的。苗兴伟（2013）对书面语篇中的提问–回答模式进行了比较深入的研究。他指出，提问—回答模式中的提问一般属于“无疑而问”，作者通过自问自答或者以问作答的形式提示语篇的发展方向，使语篇的组织脉络清晰明了。“从语篇组织的角度看，书面语篇中的提问一般是修辞性的，是为语篇的组织和发展服务的”（苗兴伟 2013: 14），体现了语篇的对话性（苗兴伟 2013: 15），并且，提问—回答模式在书面语篇中可以发挥信息标示、话题导入和话题扩展的语篇组织功能（详见苗兴伟 2013）。杜娟（2015b, 2015c）对英语演讲语篇中的一般疑问句及篇尾自问自答句的特点和功能进行了较细致的研究。另外，笔者还通过实验证明，提问–回答模式作为一种有效的组织构建语篇手段，有助于大学英语口语教学（杜娟 2018）。

综上所述，从20世纪90年代起，英语问答结构的语篇功能逐渐引起了一些学者的关注和兴趣，并取得了一定的成绩，尤其是苗兴伟（2013）和杜娟（2015b, 2015c）对本书的研究很有启发[3]。

---

[1] http://www.tesolreview.org/down/Gi.pdf。

[2] Bakhtin（1986）提出了对话性理论，认为语言的使用具有对话的本质，即作者或讲话人是在不停地回应来自其他人（读者或听话人——笔者注）的真实的或想象中的言语，每一个言语都有“对话暗示”（dialogic overtones）（Bakhtin 1986: 93）。

[3] 杜娟（2019）以《习近平谈治国理政》为例，对新时代汉语政治演说语篇中疑问句的语篇语用功能进行了研究，也给予本研究很大启发。

1.3 英语政治演讲语篇的有关研究

国内外对英语公众演讲的研究成果有很多，如Lamerton（2001）、Davidson（2003）、Lucas（2009）、Templeton（2010）等，主要从各个方面教授读者该如何做好一次公众演讲。谈及以往对英语政治演讲语篇的研究，首先需要关注和了解的是政治话语（political discourse）这样一个经久不衰的研究领域。此处提到的话语并不只是指口语中的语言使用，它的覆盖面很广，泛指任何渠道或媒介的语言使用。所谓政治话语，自然就是指通过任何渠道或媒介所进行的与政治相关的语言使用。当代在这一方面作出较大成绩的主要有Benoit等（1998，2003）、Fairclough和Fairclough（2012）等。Benoit等（1998，2003）从功能的视角对2000年总统竞选中初选、提名选和大选三个阶段的多种不同形式的政治竞选话语如电视广告、广播短片、辩论、电视谈话节目、网页及大会演讲等进行了分析。他们基于五种假设提出的政治竞选话语功能理论（Functional Theory of Political Campaign Discourse）认为，政治竞选话语主要起到三种功能：赞誉、攻击及防御。对不同形式竞选话语的这三种功能的分析又可以从政策考虑（political consideration）和候选人/政党形象（character of the candidates and parties）两个方面进行。这一研究也说明，各种政治竞选信息在政治竞选中能起到举足轻重的作用。Fairclough和Fairclough（2012）将论证理论（Argumentation Theory）整合到批评话语分析和政治话语分析之中，为分析政治话语提供了一个新的方法。它将政治话语看作一种论证的形式（a form of argumentation），涉及更加具体的实际论证（practical argumentation），并以2007—2011年针对金融和经济危机的相关政治话语如政府工作报告、议会辩论、政治演讲等为例验证了他们提出的分析框架。Fairclough和Fairclough（2012）是对批评话语分析的进一步发展。

对英语政治演讲语篇的研究属于政治话语研究的一个重要组成部分，受到了广大学者的关注。有些学者对英语政治演讲语篇进行了整体性研究，如Iyengar和Kinder（1987）、Valley（1974, 1988）、Peter和Maurice（2021）等。Iyengar和Kinder（1987）研究指出，在一些重要问题如能源、通货膨胀等问题上，总统的演讲要比电视新闻报道更具影响力，有关这些问题的实际数字对公众的意见没有明显影响。这一研究结果表明，选民的看法更多地受候选人所讲内容的影响，而不是实际数字或新闻媒介对那些数字的分析阐述。Benoit 等也得出结论：政治候选人竞选语篇比打印材料或电子媒体提供更多的信息（Benoit, *et al.* 2003: 4）。政治演讲语篇的重要性和演讲的魅力可见一斑。Valley（1974）对民主党总统提名获奖感言的一些重要特征进行了探索。Valley（1988）则对1968年以前的民主党总统提名获奖感言进行了历史性的回顾和分析。Peter 和 Maurice（2021）提出了政治演讲中演讲人与听众互动的对比方法，特别是与文化相关的互动，认为政治演讲可以被视为对话性的，需要在文化背景下理解这种对话形式的行为细节。有些学者对英语政治演讲语篇中的某一种或多种语言现象进行了分析，如 Benoit（1982）、Urbanavičiene（2004）、Adetunji（2006）、Liu（2007）、Laurinaityte（2011）、Al-janaby（2013）、Derakhshani 等（2021）。Benoit（1982）探讨了尼克松总统有关水门事件的演讲语篇中所使用的修辞策略。Urbanavičiene（2004）通过对英国首相布莱尔的演讲语篇中名词化、代词的使用及不同的词汇选择等现象的分析，说明对语言特征的周密分析可以有助于对话语中的权利关系（power relations）和思想进程（ideological processes）的理解。Adetunji（2006）以尼日利亚总统的演讲语篇为例分析了政治演讲语篇中指示语（deixis）的功能。Liu（2007）运用形象修复话语理论（image repair discourse theory）[1]对美国布什总统针对 Katrina 飓风做的九篇演讲中采取的修辞策略和战术进行了分析。Laurinaityte（2011）对英语政治演讲语篇中的模糊限制语（hedges）进行了研究，研究表明：选举前的演讲语篇中模糊限制语的使用频率要高于选举后的演讲语篇，前者主要通过情态动词、表情态的动词（modal lexical verbs）、特定的被动结构及介绍性短语等体现，后者则主要通过约量词（approximators）、形容词、副词和名词性的情态短语体现。Al-janaby（2013）、Derakhshani 等（2021）则分

[1] 形象修复话语理论是指面对危机时，组织机构的主要目标为修复或保护它们的形象（Benoit 1995, 1997; Fishman 1999; Zhang & Benoit 2004）。这一理论规划出形象修复策略的五大范畴：否认、逃避责任、降低攻击性、纠正措施以及致歉（denial, evasion of responsibility, reduction of offensiveness, corrective action, and mortification）（Benoit & Czerwinski 1997; Fishman 1999; Metzler 2001），以及针对这些范畴可以采取的策略或战术，详见 Benoit 1997。

析了政治演讲语篇中修辞比喻（rhetorical tropes）的使用和效果。

Benoit（1999）、Benoit 等（2000）借助他们提出的政治竞选话语主要具有的三种功能，即赞誉、攻击和防御，对1960—1996年的总统竞选提名大会主题演讲语篇进行了详细的分析和比较。还有其他一些对总统演讲语篇从语用的视角进行的分析，如 Ayodabo（2003）、Cap（2002）、Chilton 和 Schaffner（1997）、Rudd（2004）、Yusuf（2003）、Fitriani 和 Pujiati（2018）、Youssef 和 Albarakati（2021）等；也有从文体的视角对这类语篇所做的研究，如 Adegoju（2005）、Oha（1994）等。

从以往对英语政治演讲语篇的研究可以看出，绝大多数的研究都是与总统或总统候选人等重要政治人物的演讲有关，理由有以下两点：一方面，这些重要政治人物非常重视与公众和媒体的接触以及在讨论问题时不受来自政客和媒体的干扰（Hiebert 1981, Ragsdale 1984）的演讲机会，演讲是他们公共关系领域中最具影响力的武器（Johnson, Wanta & Bourdeau 2004, Schaefer 1997），那么这类演讲语篇自然非常重视词句的推敲、语篇的组织、策略的选用等，因而具有研究价值；另一方面，演讲内容关系到民众的切身利益，关系到民众的神圣一票会投给谁等，所以这类演讲受到西方国家民众的广泛关注，是西方国家的一个重大事件。由此可见，对这类演讲语篇的研究会有特殊的意义，理所当然地受到学者们的关注。

国内对演讲语篇的研究主要有宋尧（2000）对演讲语篇的对话性的深入探讨，李美华（2009）对演讲语篇中句法辞格的细致研究，但这两项研究都是以俄语语篇为例的。朱炜（2009）从批评语言学视角对政治演讲语篇中隐喻与话语基调进行了比较深入的研究。Han（2011）以30篇英语公众演讲语篇为语料，以关联理论和顺应理论为理论基础，对语料中语用标记语（pragmatic markers）的分布特征及在言语产出和理解中的功能进行了定量研究。张德禄、孙仕光（2015）以奥巴马的一次演讲为例，分析、解读了政治演讲语篇中的认同语义系统。杜娟（2016）对演讲语篇中提问–回答模式的理据进行了研究，认为对话性是该模式存在的哲学理据，而注意的选择性则是其存在的心理学理据。Wang（2021）从衔接理论的视角对英语政治演讲语篇的连贯性进行了研究。Liu（2022）从文本类型学的视角对英语政治演讲语篇中被动语态的使用进行了研究。近年来，对英语政治演讲语篇的研究一直很受国内青年学子欢迎，以硕士论文居多，研究覆盖面也比较广，但主要都是停留在对一些语言现象的描述上，并没有进行系统深入的研究。

1.4 英语问答结构有待研究的问题

从以上的研究回顾可以看出：虽然对英语问答结构的研究已经取得了丰硕的成果，但仍有深入研究的空间。

首先，对术语的使用及其内涵的界定不一致。对于语篇中问答结构的两种类型，不同的学者有不同的界定，如有些学者讨论的修辞疑问句（即 IAP 疑问句）只包括反问句（反诘句），有些则包括得更多，还有些学者认为修辞疑问句包括设问句和反问句，这就使读者在阅读文献的过程中容易混淆。另外，对于修辞疑问句是否有答语，仍然没有统一的看法。

其次，对问句的答语以及 EAP 结构的关注不够。以往对自问自答这种语言现象的研究大都只关注其中的问句部分，但是问与答构成一个相互依存、相互影响的统一体，"问句规定了答句的范围，而答句必然反映出问句的一些特点"（朱晓亚 1995: 47），因此有必要对答语部分给予足够的关注，这样的研究才更加全面。另外，对英语修辞疑问句（IAP 疑问句）的研究文献非常丰富，与之相比，对 EAP 疑问句的研究有待深入和加强。

再次，以往对英语政治演讲语篇的研究虽然研究视角比较丰富，既有整体综述性的研究，也有针对某一语言现象的探讨，但鲜有对语篇组织方面的研究，并且研究过于集中在总统竞选或就职演讲语篇，因而很难找出这类语篇在语篇组织方面的共性。

从次，对英语问答结构语篇组织功能的研究薄弱。当讨论这种结构的功能时，人们主要关注 IAP 结构的修辞功能和语用功能，对英语问答结构语篇组织功能的研究很少，起步较晚。国外一些学者直接或间接提及了疑问句具有语篇组织功能，但并未做深入细致的研究。国内只有苗兴伟（2013）和杜娟（2015b, 2015c）对提问-回答模式进行了较深入的研究，但有关问答结构组织语篇的方式，还没有学者进行研究。

最后，对问答结构的研究需要选定语篇类型。同一种句型在不同的语篇类型中表现出的特征和功能是不同的，如 Ilie（1994）研究发现，政治语篇中的修辞疑问句可以展现出这种语篇的一些独有的特征。在政治演讲语篇中，修辞疑问句后面常常会出现答语，这是政治演讲语篇的一个特征（Ilie 1994: 138）。可见，如果对问答结构的语篇功能进行研究，需要将其置于特定类型的语篇，这样才能深入探讨它如何组织语篇、展开语篇。苗兴伟（2013）指出了今后对提问—回答模式研究的两个方向：借助大规模的语料对该模式的语篇组织功能的进一步研究，以及对不同语篇类型中的这一模式及其语篇功能和人际功能的研究（苗兴伟 2013: 17）。

本书的研究对象为问答结构，包括问句和答语两个部分，1.1节以无疑而问和自问自答为判定标准对该结构进行了严格的界定和说明，同时又以答语的显/隐性为依据区分了该结构下属的两个类别，即 EAP 结构和 IAP 结构，这样避免了以往研究中只关注问句部分，以及修辞疑问句这一术语界定不清的问题。英语政治演讲语篇中常常出现 EAP 和 IAP 这两类问答结构，而且通过回顾这类演讲语篇的研究发现，对这类语篇的研究主要集中在词汇层面如对语篇中的指示语、模糊限制语等的研究，少有学者关注该语篇类型内部的结构，更少有人研究某一结构对语篇构建方面的影响及所起到的功效，而这也应是英语政治演讲语篇研究的一个很重要的方面。本书拟对这类语篇中的问答结构进行研究，在对大量语料进行观察分析的基础上，深入探讨这种语篇类型中问答结构组织语篇的功能，重点挖掘这种结构是以何种方式组织、构建语篇的。

1.5　小结

为了更好地把握研究对象，便于对以往研究成果进行梳理，本章对研究对象做了界定和说明。在此基础上，本章主要从修辞学、语用学视角对英语问答结构的研究进行回顾，同时也回顾了英语问答结构的语篇功能及英语政治演讲语篇的研究现状。通过对以往研究的梳理和评述，本书认为，虽然对英语问答结构的研究已经取得了一定的成绩，但对这种结构的语篇组织功能还有很大的研究空间，尤其是英语政治演讲语篇的以往研究中并未涉及对问答结构语篇组织方式的探讨。因此，本书将以大量语料为支撑，深入探讨英语问答结构在政治演讲语篇中的组织功能，重点挖掘这种结构是以何种方式实现其语篇组织功能的。

第二章
研究的理论基础与工作框架

系统功能语言学认为，所有语言都具有三个纯理功能或者元功能，即概念功能、人际功能和语篇功能。通过语言，我们可以认识、反映外部世界和人的内心世界（概念功能），认识和反映人与人之间的关系（人际功能），而将这二者结合起来并使它们发生关联的则是语言的语篇功能。主位系统和信息系统是语篇成分的重要组成部分，是语言系统的语篇组织资源。这两个系统都是结构性的，即系统中的选项有助于结构的衍生，其具体体现为以下两个方面：主位选项有助于词汇语法结构的衍生，通过小句实现；信息选项有助于信息结构的衍生，信息结构是一个独立但相关的层级（hierarchy），通过语调群在音位系统中直接实现（Halliday 1977: 197）。主位结构和信息结构同属于语篇结构，是区分语篇与非语篇的重要因素，主位结构由主位和述位构成，信息结构则由已知信息和新信息构成，虽然这两种结构并不属于同一层面，但它们都是语篇组织的资源，并且都与信息传递紧密相关。对主位结构和信息结构的分析可以帮助我们了解语篇的组织模式，即语篇作为信息流是如何组织的。

语篇是一个有机整体，如同事物之间的联系具有普遍性和多样性那样，其各个层面内部和各个层面之间也都是相互作用、相互影响的，体现为各种关系。换句话说，语篇中某一语句与相邻语句及更大的语篇之间必定由一定的关系维系。语篇组织就是意义之间的各种关系（a matter of meaning relations）（Halliday & Hasan 1989: 71），对某一结构语篇组织功能的研究自然也少不了对语篇各个层面内部和各个层面之间关系的研究。因而，本书的研究拟以主位结构理论、信息结构理论和小句关系理论为理论基础，对英语政治演讲语篇中问答结构的组织功能进行研究。本章首先简述主位结构理论、信息结构理论和小句关系理论，然后在此基础上提出本研究的工作框架。

2.1 理论基础

2.1.1 主位结构理论

功能语法一个重要的研究内容是交际中信息是如何构建的。系统功能语言学认为，每一个小句都被组织为一则消息。换句话说，每一个小句都是语篇随着语境的发展所创造出的信息流中的一束信息。主位结构就是一种为小句赋予消息特点的结构，它由“主位 + 述位”构成。主位结构不仅与单个小句内部的信息组织有关，而且与更大的语篇组织也有关（Martin, *et al.* 2010: 21）。也就是说，任何一个小句的主位选择并不是讲话人 / 作者随意作出的，而是与信息在整个语篇当中的发展相关。作为小句的出发点（Halliday 1985），主位在组建、交流、理解消息的过程中起着重要作用（Brown & Yule 1983）。Fries 将主位进一步解释为“小句的主位为理解小句提供一个框架，使听话人知道将要交际的内容，因而具有定位功能”（Fries 1997: 232）。它是语篇功能中组织与整合概念功能和人际功能，并最终使它们在语篇中得到体现的重要手段（张俊、苗兴伟 2005: 12）。Jalilifar 也强调了主位结构对语篇的重要性，他指出：作为消息的语言，其建构是以语篇中小句的主位结构实现的（Jalilifar 2009: 82）。可见，主位结构理论是研究语言的语篇元功能的重要理论之一，在语言使用者产出语篇、理解语篇的过程中发挥着重要的组织作用。

2.1.1.1 主位结构中的基本概念

主位结构由主位和述位两部分组成。主位是主位结构中支配性成分（prominent element）（Halliday 1994: 67），总是位于小句的句首，为小句设置情景，同时也为解读语篇定位（Halliday & Matthiessen 2004: 66），而该小句的其余部分，也就是发展主位的那一部分则为述位。根据主位部分的复杂程度，可以将主位划分为简单主位和多重主位。简单主位只包含主题主位，也就是小句经验结构中有某种功能的第一个短语或者词组的主位。如果主题主位前面还有其他成分，那么它们共同构成多重主位。与语言的三大元功能对应，多重主位可以进一步划分为语篇主位、人际主位和主题主位，如例（1）中的“on the other hand”“maybe”及“on a weekday”分别为语篇主位、人际主位和主题主位，它们共同构成了这个小句的多重主位。

（1）On the other hand maybe on a weekday it would be less crowded.（Halliday & Matthiessen 1994: 56）

根据标记性理论，主位可以区分为有标记主位和无标记主位。小句中哪一种成分最常被选作(无标记)主位是由小句的语气决定的。尽管有标记选择没有无标记选择使用频率那么高，但有标记并不等同于稀少或罕见（Halliday 1967)。Halliday 以主位是否与主语叠合作为判断英语陈述小句主位无标记性的标准，我们认为，判断英语陈述小句的简单主位是否具有标记性，不能只从主位与主语是否叠合来衡量，而应结合该主位是否传递多于常规的信息量来进行综合考虑(杜娟 2014)。据此，我们对 Halliday 的“作为连续统的英语主位标记性”思想进一步阐释，结论如图2.1所示。

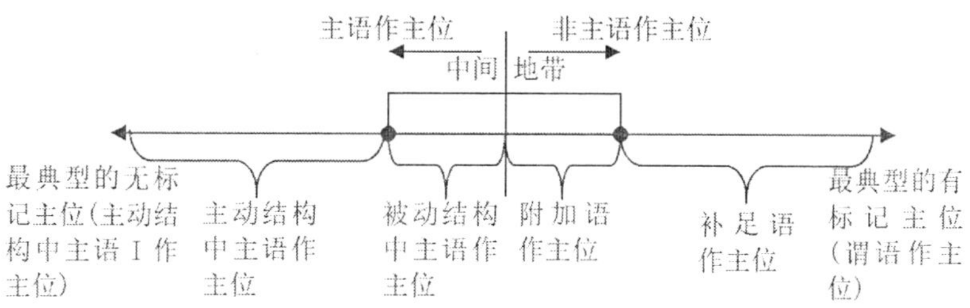

图2.1　作为连续统的陈述小句简单主位的标记性（杜娟 2014: 97）

由图2.1可知，英语陈述小句的简单主位的标记性并不是简单的有标记主位和无标记主位的二元分类模式，而是一个以主动结构中 I 作主语的无标记主位和以谓语作主位的有标记主位为两极的连续统，其中被动结构中主语作主位是过渡性无标记主位，附加语作主位是过渡性有标记主位，二者处于主位标记性连续统的中间地带（杜娟 2014: 97）。在一个小句中，主位不同则意义不同（Thompson 1996: 119），主位概念是以选择为基础的，体现的是讲话人所做的选择（Halliday 1967）。有标记主位和无标记主位起到互补的作用——有标记主位转移我们的定位或取向，无标记主位维系我们的视角（Martin, *et al.* 2010: 276）。

主位结构虽然是小句的语义结构，但一旦进入语篇，小句的主位组织就成为语篇发展的最重要的因素（Halliday & Matthiessen 2004: 105）。主位不仅可以照应前面的句子，还可以充当后面句子的出发点，并且，一般情况下，语篇中各个句子之间的主位以一定的模式向前推进（详见 Daněs 1974，徐盛桓 1982，黄衍 1985，张德禄、刘洪民 1994，张今、张克定 1998，朱永生、严世清 2001，胡壮麟等 2008）。通过分析语篇中小句的主位结构，我们能清楚地判断小句在语篇中所处的位置，了解该语篇的语篇组织，从而理解讲话人 / 作者是如何清楚地传递他想要表达的信息的。也就是说，分析语篇中小句的主位结构有助于识别它是如何为语篇带来连贯性并促进语篇发展的。

2.1.1.2 语篇层面的主位理论

Halliday 主要是在小句层面定义了主位结构，但他也明确指出其他语言单位也有主位结构。他是这样表述的：“我们发现主位组织通过语言系统以不同的外表（guises）出现，可以表现为小句之上，也可以表现为小句之下。……在小句之上，同样的策略存在于书面语篇中段落的组织中，一个段落的主题句就是它的主位。”（Halliday 1985: 56）其实，捷克语言学家 Daněs（1974）在定义主位推进这一概念时也已经提到小句以上的单位有主位结构，他认为主位推进是“对言语主位的选择和排列，它们之间的相互连结和层次，以及它们与上一级语篇（如段落、章节等）的超主位、与整个语篇和语境的关系”（Daněs 1974: 114）。既然主位结构可以存在于语篇的各个层次上，它应是一种“语言组织的普遍规律”（郎天万 1996: 40）。在此基础上，Martin（1992）提出了超主位（hyper-Theme）和宏观主位（macro-Theme）的概念，从整体上对语篇的结构进行分析。

超主位比较接近于我们平常在写作中所谈论的段落主题句，Martin 将其定义为：“一个或一组引导性句子，用于预测下面句子的字串、句链及主位选择等方面存在的特定的互动模式。”（Martin 1992: 437）而宏观主位则是“用于预测一组超主位的一个句子或句群（可能是一个段落），接近于经院修辞学（school rhetoric）中所提的导入性段落”（Martin 1992: 437）。宏观主位、超主位及主位与语篇、段落及小句之间的对应关系可以体现为（Martin 1992: 437）：

宏观主位 : 语篇 ::
超主位 : 段落 ::
主位 : 小句

由此可见，它们之间存在着预测与被预测、体现与被体现的关系。系统功能语言学中的主位本身就是在小句中进行讨论的，自然可以称其为“小句主位”。Martin 所区分的宏观主位是属于语篇层面的主位，因而我们也可以称其为“语篇主位”[1]，超主位与段落对应，但此处的段落并不是从形式上定义的，它由紧密相关的阐述同一主题的若干句子构成，具有意义完整性、结构连贯性和交际整体性等特点，常被称为超句统一体（布拉霍夫斯基 1952，参见姜望琪 2011）、句组（黄国文 1988）、结构块（杨一飞 2011）等。虽然命名各有不同，但是这些学者都认同这种具有“意义完整性、结构连贯性和交际整体性”等特点的结构是组成语篇的基本结构单位，并通过在层次上的叠加形成完整的语篇。为了与语篇主位和小句主位保持措辞上的一致，本书用语段（segment）来指上文提到的组成语篇的基本结构单位，将语段中的主题句称为“语段主位”。当然，有语篇主位、语段主位和小句主位的概念，自然会有相应的语篇述位、语段述位和小句述位。这样，通过将语篇中的主位结构

[1] 此处的语篇主位与前文27页提到的语篇主位不同，前文的语篇主位是根据语言的三大元功能对小句多重主位的划分之一，此处是指语篇层面的主位，为了与段落主位、小句主位对应，简称为语篇主位。后文提到的语篇主位均与此处的意义相同，均指语篇层面的主位。

划分为语篇主位结构、语段主位结构和小句主位结构，可以充分地体现语篇的层级性，如图2.2所示。

宏观（语篇）主位 ↔
宏观（语篇）述位　　超（语段）主位 ↔
　　　　　　　　　　超（语段）述位　　（小句）主位
　　　　　　　　　　　　　　　　　　　（小句）述位

图2.2　不同层面主位的和谐关系 （Martin 1992: 443）

Martin 指出，语篇中这三种主位及其预测、互动关系是语篇组织的一个重要方面，若少之，则语篇就不会那么连贯（Martin 1992: 437），并用例（2）阐释这三种主位及其预测关系。

（2）a　**Wars** are costly exercises.
　　b　**They** cause death and destruction
　　c　and put resources to non-productive uses
　　d　but they also promote industrial and economic change.
　　e　This benefit does not mean that war is a good thing, but that it sometimes brings useful developments.
　　f　The Second World War further encouraged the restructuring of the Australian economy towards a manufacturing basis.
　　g　**Between 1937 and 1945** the value of industrial production almost doubled.
　　h　**This increase** was faster than otherwise would have occurred.
　　i　**The momentum** was maintained in the post-war years
　　j　and **by 1954-5** the value of manufacturing output was three times that of 1944-5.
　　k　**The enlargement of Australia's steel-making capacity, and of chemicals, rubber, metal goods and motor vehicles** all owed something to the demands of war.

l **The war** had acted as something of a hot-house for technological progress and economic change.

m The war had also revealed inadequacies in Australia' s scientific and research capabilities.

n After the war strenuous efforts were made to improve these.

o **The Australian National University** was established with an emphasis on research.

p **The government** gave its support to the advancement of science in many areas, including agricultural production.

q **Though it is difficult to disentangle the effects of war from other influences,**

r it is **clear** that future generations not only enjoyed the security and peace won by their forefathers but also the benefits of wartime economic expansion.(Simmelhaig & Spenceley 1984: 121，转引自 Martin 1992: 442)

在例（2）这一语篇中，双下划线的小句 d 和 e 是语篇主位，指明整个语篇是围绕“战争会带来工业和经济方面的变化”这一大话题展开的。单划线的小句 f 和 m、n 是语篇中的两个语段主位，小句 f“二战进一步刺激澳大利亚经济朝向以制造业为基础的重构发展”作为语篇的一个次话题引导小句 g—l，小句 m、n“战争也揭示了澳大利亚的科学研究能力的不足，战后，人们付出了巨大的努力来改善这些”则作为语篇的一个次话题引导小句 o—r。粗体部分是小句主位。纵观整个语篇，语篇主位（d + e）预测两个语段主位（f 和 m、n）并通过它们得以和谐发展，两个语段主位（f 和 m、n）则分别通过小句 g—l 和小句 o—r 得以展开。因而，通过分析语篇中的三种主位及其相互关系，可以清楚地看到语篇是如何组织和构建，达到语篇连贯性的。

2.1.2 信息结构理论

2.1.2.1 信息单位的构成

信息系统也是语篇的重要组成部分，是语言系统的语篇组织资源。它“决定着语篇作为信息流是如何组织的”（Halliday 1977: 179），或者从听话人/读者的角度看，句子中的信息是如何被理解、如何与它的语境相联系的。信息系统将话语组织为一束束的信息或消息块，称为信息单位，每一个信息单位都有其内部结构。Halliday 指出，信息是“已知的或可预测的和新的或不可预测的成分之间的一种张力。这与数学概念上所说的信息不同，在数学中信息指对未知的测定。在语言学的意义上，信息是由新内容和已知内容之间的相互作用而产生的。所以，信息单位是一种由新信息和已知信息两种功能组成的结构”（Halliday 1994: 296）。“信息结构”（information structure）这一术语是 Halliday 于1967年首次正式提出的。但与以往语言学家不同的是，他将信息结构看作一个独立的层面，赋予其独立的概念。需要注意的是，信息结构不同于主位结构，它并不是小句的结构，而是信息单位的结构。信息单位在口语中由语调群标示，每一个信息单位被编码为一个语调群。正如 Halliday 所言，“英语口语中任何语篇都被组织为‘信息结构’。……这并不是由成分结构决定的，倒是可以表述为：信息的分布在一个不同的层面上确定了一个独特的结构……信息结构在音位层面上是由‘语调性’（tonality），即将语篇分为语调群，来实现的”（Halliday 1967: 200）。

一般来讲，信息结构中的新信息是必不可少的组成部分，每一个信息单位都有表示新信息的那一部分。新信息是指被认为“有新闻价值的”信息，值得听话人注意并为听话人关注。音步（tonic foot）是句子重音的部分，表示“新信息的顶点”（Halliday 1985: 275）。Halliday 将信息单位的信息中心称为信息焦点（information focus），认为信息单位用来选择信息焦点，指出所传递的新信息，而信息焦点的阐释取决于它在信息单位中所处的位置，因而正是分布情况而非其他原因决定了焦点（Halliday 1967: 202）。信息结构中的已知信息则是指讲话人认为“从回指或情境上来看可恢复的信息”（Halliday

1967: 211)，也就是语篇中可以得到的知识或语篇参与者的共享知识，它在一个信息单位中可以出现也可以不出现。因而，信息结构经常可用于将某一信息与上文的信息联系起来。

2.1.2.2 新信息和已知信息

信息结构为句子中的表达赋予已知信息和新信息的特征，正是这两种信息的相互作用才促使语篇信息流发展。已知信息可有可无，而新信息是必须存在的，它是信息单位中最为重要的信息。Halliday 将新信息的特征从以下三方面阐释：）其一，新信息是焦点，“并不是指它在上文未被提及（尽管经常是这种未被提及的情况），而是指讲话人把它当作从上文语篇中无法恢复（non-recoverable）的信息”（Halliday 1967: 204），“无法恢复”并不意味着当前的项目在以前不能出现，而是指与它相关的意义在当前语境下无法恢复（Halliday 1977: 185）；其二，新信息是与某种可预测的或陈述的选择项对立，具有对比性（Halliday 1967: 206）；其三，新信息就是替代某一问句中 wh-成分的内容（Halliday 1967: 226）。因而，新信息的这三个特征表明三种不同的焦点：一是信息焦点，二是对比焦点，三是问句的焦点。例如：

（3）A: Why don’t you have some pumpkin pie?

B: Actually I’ve forgotten how to MAKE pumpkin pie.

（4）A: Susan dated DENNIS last night.

B: No, she dated DENIEL actually.

（5）A: Who did Susan date actually?

B: She dated JOHN.

其中，例（3）“忘记怎样做”是讲话人 B 想要强调的新信息，是信息焦点。例（4）中讲话人 B 指出 Susan 约会的人是 DENIEL，而不是讲话人 A 所说的 DENNIS，因而 DENIEL 是对比焦点。例（5）中讲话人 B 指出 Susan 约会的对象是 JOHN，是回答讲话人 A 提出的 who 特殊疑问句，因而此处的 JOHN 属于问答相邻对中问句的提问焦点。

Fries（1997）认为，要确切理解信息结构中的新信息和已知信息这一对概念，需要注意以下两点：第一，已知和新是语言内部的功能。并不是所有的新（不熟悉）的信息对于听话人来说都是新的信息，同样，并不是所有新对于听话人来讲就一定是新（不熟悉）的信息。第二，如上所说，新和已知的功能只是在口语中标示出来。当然，书面语也需要将一些信息标示为新信息。其中一个方法就是将语调群与小句结构关联起来（Fries 1997: 232）。在这一点上，Halliday（1985: 276）曾指出，“新信息的无标记位置是信息单位的末端”，称为“末端重心”。这符合人们在接受信息时从已知到新，从熟到生的认知模式，“语篇的建构过程就是语篇信息编码的过程，而信息编码的最一般原则通常是从已知到未知”（张克定 2001: 22）。这自然会让我们将信息单位的信息结构与小句的主位结构联系起来。也就是说，英语的小句结构和信息单位之间的确存在着无标记的对应关系。

2.1.2.3　主位结构与信息结构的区别与联系

胡壮麟等（1989: 148-149，2008: 176-177）对主位结构与信息结构之间的区别与联系做了如表2.1所示的简明介绍。

表 2.1　主位结构与信息结构的区别与联系

		主位结构	信息结构
区别	与小句的关系	主位是小句的一个组成部分，关系密切	不受小句结构限制
	体现形式	线性排列次序	语调
	出现次序	总是主位+述位	一般为已知+新，也可为新+已知
	能否省略	主位、述位均可省略	新信息不可省略，已知信息可省略
	衡量标准	讲话人取向	听话人取向
	与上文的关系	如何切分主位、述位与上文关系并不紧密	与上文关系十分密切
联系		都由讲话人选择，混合使用，使言语活动上下连贯，把语篇与语境联系起来，达到传递信息的目的。一般情况下，主位为已知信息，述位为新信息	

如表2.1所示，主位结构和信息结构属于两个不同层面的结构，一个是语法层面，一个是音系层面，因而不可混淆。但正如前文所述，主位结构和信息结构都是语篇组织的资源，并且都与信息传递紧密相关。Halliday（1967: 200-201, 1985: 274）和 Chafe（1984: 437，1994: 65-66）曾指出，英语口语中小句结构和信息单位之间的确存在着无标记的对应关系。Fries 认为，“书面语中也存在着主位位置和已知信息之间，以及述位位置和新信息之间的相关性”（Fries 2002: 125）。他还认为，系统功能语言学有专门术语（主位）来指小句或小句复杂体的起始成分，却没有专门术语指称小句或小句复杂体的末端成分。因而，为了方便起见，他创建了新–述位（N-Rheme）这一术语来指称小句或小句复杂体的末端成分（Fries 1997: 233）。这也充分说明，主位结构和信息结构之间在语义功能上存在紧密的联系。在这两种结构中，主位和新信息分别是最重要的部分。一般情况下，讲话人选择何种成分作主位或述位在很大程度上受上文语境的影响。主位直接与小句的起始位置对应，是讲话人从已知成分中选择的，在具有承前作用的同时也为将要讨论的内容定位 / 确定方向；而新信息则对应于小句的末端，确定在述位部分，是注意的焦点，与小句乃至语段和整个语篇所要传递的目标（goals）相关。据此可以认为，将主位结构和信息结构结合起来对英语政治演讲语篇进行分析不仅可行，而且更有意义。

另外，如2.1.1.2节所述，Martin 区分了语篇主位、语段主位和小句主位，通过分析证明：语篇中这三种主位及其相应的主位结构对语篇的组建和发展起到了举足轻重的作用。他还指出，语篇中同样存在不同层面的新信息，“语段新信息（hyper-New）结构和语篇新信息（macro-New）结构也是语篇组织的重要方面，尤其是在抽象作品（abstract writing）中”（Martin 1992: 453）。具体来讲，一方面，语篇主位、语段主位和小句主位主要用于投射后文，根据语篇修辞目的支撑语篇；另一方面，语篇新信息、语段新信息和小句新信息则主要用于将前文累加的信息或意义集结在一起为语篇提供语场。Martin（1992: 456）将这两种语篇组织模式共同作用的结果称为“三明治语篇组织结构”（sandwich texture），在语篇的发展过程中既能瞻前又能顾后，如图2.3所示。

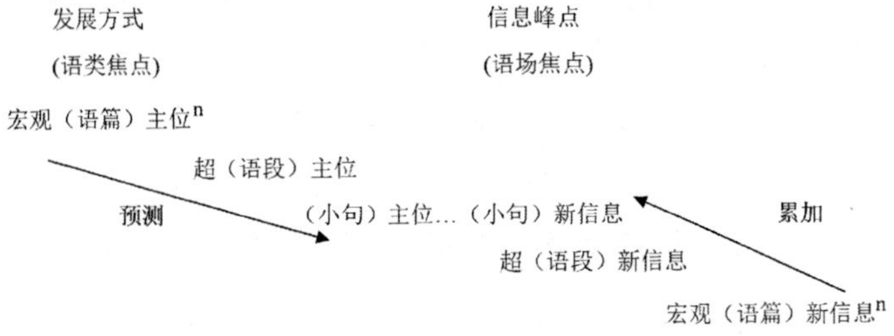

图2.3 抽象书面语篇中的“三明治语篇组织”（Martin 1992: 456）

2.1.3 小句关系理论

联系的观点是唯物辩证法的总体特征和基本观点之一，是指事物之间以及事物内部诸要素之间的相互影响、相互制约和相互作用，表现为各种各样的关系，如因果关系、并列关系、承接关系等。联系具有普遍性，从自然界内部到人类社会内部、人类思维内部，自然界与人类社会之间、客观世界与主观世界之间都联结为一个统一的整体，孤立的事物是不存在的。人类用于传递信息、进行沟通的最基本最重要的手段——语言自然也不例外。

Hoey（1991: 12）曾经指出，尽管对句子之间关系的描述没有一个统一的方式，但是句子之间存在相关性这一点是显而易见的，否则，语篇就只是句子的简单堆砌，除了共用一个出现语境外，句子之间别无其他共性。在描述语篇的组织时，常常选用的方式就是将语篇看作句子或命题之间语义关系的产物，换句话说，关系问题是讨论任何语篇组织时都需要考虑的重要因素（Hoey 1983: 17）。语篇中的各种关系既可以体现在微观层面，如句子内部的句法结构、词语关系等，也可以体现在宏观层面，如句子与句子之间、句子与更大语篇成分之间的各种逻辑-语义关系等。

“小句关系”这一概念是由 Winter（1971）最早提出并进行深入研究的，而后，得到了 Hoey（1983, 2001）等的进一步发展。Winter 将小句关系定义为：“小句关系是一种认知过程，在这种认知过程中，我们根据相邻句子或句群对某一句子或句群进行解释”（Winter 1971, 转引自 Hoey 1983: 18）。Hoey 指出，Winter 所定义的小句关系并不只是指小句与小句之间的关系，因为“所有标识关系的系统都是植根于小句语法之中的”，故将其称为小句关系，这种关系既可以指小句与小句之间，也可以指语段与小句或语段之间的关系，“两个‘段落’（paragraph）之间的关系可以看做更大的小句关系”（Hoey 1983: 18）。

小句关系分为两大类：逻辑序列关系（Logical Sequence Relations）和配比关系（Matching Relations）。逻辑序列关系是指相继事件或观点之间的关系，这些事件或观点既可以是真实的，即真实世界中时间/空间的改变，也可以是潜在的，即由真实世界中时间/空间变化所形成的演绎或致使序列（Winter 1994: 52）。最基本的逻辑序列关系为时间序列（time sequence），同时还包括条件–结果（condition-consequence）关系、手段–成就（instrument-achievement）关系、原因–结果（cause-consequence）关系等。配比关系是指陈述内容根据描述的同等性程度，如相同、相似或差异等，进行配比而形成的关系。换句话说，它是“语篇的两个部分从细节方面进行比较时出现的一种关系”（Hoey 1983: 113），包括寻找相同/相似性的相容关系（compatibility relation）和寻找不同性或差异性的对比关系（contrast relation）。配比关系既不受限于一个特定的顺序，也不需要触发语（trigger）（Hoey 2001: 181）。杨玉晨（2005）将 Winter（1977）中的这两类小句关系及其分类总结如图2.4所示。

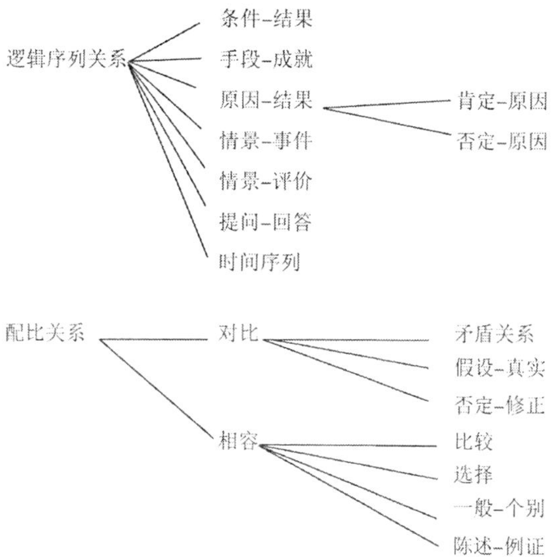

图2.4　小句关系的层级组织 [Winter（1977），转引自杨玉晨（2005: 73）]

当然，逻辑序列关系和配比关系并不是相互排斥的，它们之间是一种互补关系（Hoey 1983: 20），可以同时出现在小句群中，构成多重或混合（multiple or mixed）小句关系。

在 Winter 看来，对小句关系的探讨与对小句关系标识方式的探讨同等重要（Hoey 1983: 22）。鉴于小句关系有显性的和隐性的，那么其标识方式也不尽相同。显性的小句关系常通过词汇如从属连词（subordinators）、连接词（conjuncts）、词汇标识（lexical signals）及重复（repetition）等方式识别（Hoey 1983: 21-25）。隐性小句关系可以通过释义（paraphrase）和提问（question）等方式来理清。所谓释义，就是通过添加一些形式标志，如连词等，换一种表达方式来解释小句，从而使隐性的小句关系变为显性。"提问是最基本的检测小句语法和语义的标准"（Winter 1977: 12），它是用一问一答的方式将独白语篇变为作者 / 讲话人和读者 / 听话人之间的一种特殊的对话形式，从而识别原独白语篇中的小句关系。

Hoey（1983, 2001）继承和发展了 Winter 的小句关系理论。为了避免混淆，Hoey 将"小句关系"直接称为"关系"，并认为 Winter 对小句关系的定义是从读者 / 听话人的角度提出的，因而，从语篇创建的角度来看，还可以将小句关系定义为："小句关系也是这样一种认知过程：我们创建一个句子或句群所做的语法、词汇和语调方面的选择，是以与它相邻的句子或句群为根据的。"（Hoey 1983: 19）Hoey（1983, 2001）在此基础上对小句关系在语篇层面上构建的更加复杂的关系——语篇组织模式进行了研究，全面细致地介绍了五种语篇组织模式：问题–解决（Problem-Solution）模式、目标–达成（Goal-Achievement）模式、机会–采取（Opportunity-Taking）模式、期望唤醒–实现（Desire Arousal-Fulfilment）模式和知识空缺–填补（Gap in Knowledge-Filling）模式等。

其实，其他一些学者的研究，如 Mann 和 Thompson（1988）的修辞结构理论（Rhetorical Structure Theory, RST）中的中心概念"修辞关系"以及 Hobbs（1979）的"连贯关系"等，本质上都是对小句关系从不同视角进行的研究。Mann 和 Thompson（1988）的修辞结构理论是一种语篇组织（尤其是书面语篇组织）的描写框架。该框架是根据语篇各部分之间的关系来描写语篇的结构特征的（Mann & Thompson 1988: 243）。典型的语篇修辞结构的分析表现为：先将语篇划分为若干个单位（unit），如独立小句，这些单位通过关系联系起来，相互联系的部分组成“结构段”（span）[1]。结构段又可与其他的单位或结构段相联系，这样，语篇就连接成一个层级（hierarchic）结构。Mann 和 Thompson 指出，关系命题对它们所在语篇的连贯性至关重要，若能识别/辨析出语篇中的关系，就等于辨析出语篇的 RST 结构和语篇连贯的基础（Mann & Thompson 1988: 260）。实际上，大部分的关系都是非对称的（asymmetric），包括一个核心句（nucleus）和一个卫星句（satellite）。Mann 和 Thompson（1988）将语篇中的修辞关系分为两大类：主题型（subject matter）关系和呈现型（presentational）关系。主题型修辞关系是为了使读者能辨认出当下的语篇关系，而呈现型修辞关系则是为了增加读者的某种倾向，如对核心句内容的相信度或接受度等（Mann & Thompson 1988: 257）。这两大类修辞关系又分别有各自的次类，如表2.2所示。Mann 和 Thompson 在文中对证据关系、证明关系、对照关系和让步关系进行了详细的论述，并在文后的附录部分对其他各种关系也都进行了解释和说明（详见 Mann & Thompson 1988: 251-255, 272-279）。

表 2. 2 以主题型 / 呈现型为基础的关系分类（Mann & Thompson 1988: 257。稍有改动）

主题型关系（Subject Matter）	呈现型关系（Presentational）
阐述关系（Elaboration） 环境关系（Circumstance） 解答关系（Solutionhood） 意愿性原因关系（Volitional Cause） 意愿性结果关系（Volitional Result） 非意愿性原因关系（Non-volitional Cause） 非意愿性结果关系（Non-volitional Result） 目的关系（Purpose） 条件关系（Condition） 析取关系（Otherwise） 解释关系（Interpretation） 评估关系（Evaluation） 重述关系（Restatement） 总结关系（Summary） 序列关系（Sequence） 对比关系（Contrast）	动机关系（Motivation） 对照关系（Antithesis） 背景关系（Background） 使能关系（Enablement） 证据关系（Evidence） 证明关系（Justify） 让步关系（Concession）

[1] 修辞结构理论中的术语 span 有多种译法，如结构段（王伟 1994）、功能语句（卫真道 2002）、跨度（叶枫 2011）等，本书采用王伟的译法。结构段是指语篇中任何具有修辞结构的、功能完整的片段（王伟 1994：9）。

综上所述，Hoey 的语篇模式、Mann 和 Thompson 的修辞结构理论中的“修辞关系”等，只是对 Winter 提出的小句关系从不同的视角讨论而给出的不同命名，其分类或研究重点虽然有所区别，但本质上都是相同的。这些理论都以语篇是一个层级结构这一基本假设为前提，认为小句关系是“语义和功能的，而非语法或结构的”（杨玉晨 2005: 69），正是这种功能语义关系在小句与小句之间、小句与语段之间、语段与语段之间建立起联系，帮助整个语篇一层一层地构建起来。可见，小句关系“是语篇建构研究的核心和重点”（杨玉晨 2011b: 34），在语篇组织和建构中具有不可或缺的作用。需要指出的是，本书在讨论语篇内的各种关系时，取用 Winter 的“小句关系”这一术语，用来指小句与小句之间、小句与语段之间、语段与语段之间等各个层面的关系。

2.2 工作框架

言语行为中存在着各种各样的模式，提问-回答模式就是其中非常重要的一种。与日常会话中的典型的有疑而问句与其答语构成的提问-回答模式相比，问答结构构成的提问-回答模式不仅可以出现在口语语篇中，而且也可以应用于书面语篇。它是作为语篇组织基本结构单位的小句关系在语篇层面上的直接体现（苗兴伟 2012: 4-5），并且能够直接体现语篇的互动性和对话性，因而是一种独特的语篇构建手段。

2.2.1 提问-回答模式[1]

提问是使交谈得以产生的重要方式之一（Holmes 1995: 39），它是一种“互动力很强的策略和方法，问句要求下一个话语的出现”（Fishman 1983: 94），这里所说的“下一个话语”，实际上是指针对问题给出的答语，因为“问句对答语有很强的掌控权”（Fishman 1983: 94），“提问预设答语的出现”（Thompson 1998: 138）。也就是说，在正常的交际过程中，若会话参与者一方提出了问题，那么另一方就应该针对问题提供相关信息。反之，要想判断一个语句是答语，

[1] 对于提问-回答模式中问与答的关系，我们已在杜娟（2016）中进行了讨论。

唯一可以参考的就是该语句所处的序列位置，即该语句是否位于问句之后（Schegloff & Sacks 1973: 296），答语要依赖问句进行界定。朱晓亚通过对答句的语义类型进行细致分析后指出，“问句规定了答句的范围，而答句必然反映出问句的一些特点”（朱晓亚 1995: 47）。可见，问与答之间的关系是很紧密的，它们共同构成一个相互依存、相互影响的统一体（杜娟 2016: 102）。

提问–回答模式是一种常见的重要的言语行为模式，问和答往往具有时空上的关联性，并且在心理上和逻辑上都有一定的联系，它们在意义上构成一个结构体（邓晓华 2001: 10）。提问–回答模式既可以出现在口语语篇中，也可以应用于书面语篇。

2.2.1.1　日常会话中的相邻对

“相邻对”（adjacency pair）是会话分析的一个重要概念，由会话分析学派的领军人物 Schegloff 和 Sacks 于1973年首次正式提出。他们通过对日常会话的调查研究指出，会话中的基本组织模式（organizational pattern）为两个相邻的话语，是由交际双方各说一次组成的对子（pair type），称之为相邻对。相邻对具有如下五个特征：

其一，包含两个话语，即一个相邻对包括两个部分。

其二，两个话语是相邻的。

其三，两个话语分别由两个不同的讲话人发出。

其四，两个话语的出现是有一定顺序的，分别属于相邻对的第一部分和第二部分。

其五，两个话语之间有识别关系（discriminative relations），即相邻对的第一部分直接关系到或预示着第二部分的选择。（Schegloff & Sacks 1973: 294）

在此基础上，Schegloff 和 Sacks 还提出了相邻对的基本操作规则：

如果第一个讲话人说出了相邻对的第一部分并可被识别，那么在其第一个可能结束的位置，该讲话人就应该停止，而第二个讲话人应该开始发言并产出与第一部分相对应的同一相邻对类型的第二部分。（Schegloff & Sacks 1973: 294）

可见，会话中的相邻对是一个序列性很强的组织模式。根据相邻对的五个特征及其基本操作规则，我们可以判断出英语会话中常见的几种相邻对，如例（6）至例（10）所示。

（6）A: What time is it now?

B: Three o' clock.

（7）A: Hello!

B: Hi!

（8）A: Do come and visit us when you are free.

B: Sure.

（9）A: You should' ve come here earlier.

B: I' m sorry.

（10）A: Can I come in?

B: Sure.

例（6）至例（10）分别为"提问–回答""问候–问候""邀请–接受/谢绝""抱怨–道歉/否认""请求–接受/拒绝"相邻对。在这几种相邻对类型中，"提问–回答"相邻对（以下简称问答相邻对）是相邻对的原型模式（the prototype）（Enfield, *et al.* 2010）。日常会话中的问答相邻对表现为讲话人和听话人之间的一问一答，讲话人是因为有疑才问的，听话人根据提问的内容进行回答，例（6）是讲话人A和讲话人B之间的对话，满足了相邻对的所有特征，即它包含了两个话语；这两个相邻话语分别由不同的讲话人说出；作为相邻对第一部分的问句预示第二部分答语的出现；而且，这两部分的次序是固定的，问先答后，反之则不能成立。讲话人A是对当前的时间存有疑问而提问的，并期望讲话人B针对他提出的问题进行回答。讲话人B也对讲话人A的问句进行了有效答复，即"现在三点了"。因此，这是一个典型的问答相邻对，也是一个成功的交际案例。

随着对相邻对研究的进一步深入，有些学者，如Mishler（1975）、Sinclair和Coulthard（1975）、Tsui（1994）等，对相邻对的特征之一——相邻对由两部分组成——提出了不同的看法，认为相邻对应该包括三部分的内容。Tsui 通过考察和分析真实语境中的话语，指出“三部分交换（three-part exchange）序列是会话中的基本组织策略”（Tsui 1994: 34）。之所以在前两个话步（move）[1]的基础上加入第三个话步，是因为“要让受话人知道：讲话人已经理解了受话人的回应，受话人已经提供了可被接受的回应，及双方的这次互动具有有效性”（Tsui 1994: 32）。Mishler（1975: 31-51）通过对课堂中自然会话的观察分析，认为会话的基本单位是一个“始于第一个讲话人说出的问句、由第二个讲话人提供的答语跟随、止于第一个讲话人的另一个言语”的单位。简言之，会话的基本组织单位包括起始语（initiation）、答语（response）和后续语（follow-up）三个结构成分（Tsui 1994: 43）。例如：

（11）Y: Is it John there?
X: Oh y- I think he’s in class.
Y: Oh I see. (Tsui 1994: 27)

在例（11）中，先是讲话人 Y 提问，而后讲话人 X 针对提问给予回答，来自 Y 的第三个话步表明讲话人 Y 已经接收了 X 给出的答语并认为答语是有效的。

Schegloff（2007）在 Schegloff 和 Sacks（1973）的基础上对会话中的序列结构[2]进行了系统深入的研究，作为序列构建单位的相邻对以及相邻对的扩展和应用是其主要的讨论内容。Schegloff 回应了 Mishler（1975）、Sinclair 和 Coulthard（1975）、Tsui（1994）等提出的“三话轮”观点，仍然主张“基本

---

[1] 话步（move）是 Sinclair 和 Coulthard（1975）在分析口语语篇时提出的描写单位之一，指“语篇中最小的自由单位，由一个或一个以上的行为（act）组成”（Sinclair & Coulthard 1975: 23），并举例如下——T: What does the next one mean? You don’t often see that one around here. Miri. P: Danger falling rocks. T: Danger, falling rocks.（Sinclair & Coulthard 1975: 23）在这个对话中，共有三个话步，即老师的起始话步，学生的回应话步，以及老师的后续话步。其中，起始话步是由三个行为组成的，即一个问题、一个陈述和一个提名，其余两个话步都是由一个行为组成的。

[2] 所谓序列结构，就是从“行为”（action）的角度观察一系列的话语或话轮，并考察行为或话步是如何连贯、有序、有意义地承接或延展的组织结构（Schegloff 2007: 2）。

的、最小的双话轮形式的相邻对本身就能组成一个完整的序列”（Schegloff 2007: 22），并将这种最基本的相邻对形式称为根相邻对（base pair）[1]。那些由两个以上话轮构成的序列是在根相邻对的基础上扩展而来的，根据扩展出现的位置，可称为前扩展（pre-expansion）、嵌入扩展（insert expansion）和后扩展（post-expansion）。扩展部分与根相邻对的位置关系如图2.5所示。

← 前扩展

A　相邻对第一部分

← 嵌入扩展

B　相邻对第二部分

← 后扩展

图2.5 扩展部分与根相邻对的位置关系（Schegloff 2007: 26）

据此，例（11）中讲话人 Y 所说的“Oh I see.”就是前两个话轮构成的根相邻对的后扩展部分。其实，在大多数情况下，前扩展、嵌入扩展和后扩展本身也是由相邻对构成的。例如：

（12）Ben: Fpre→ Hey I got sump’ n thet’ s wild.

Bil: Spre→ What.

Ben: Fb → Y’ know one a’ these great big red fire alarm boxes thet’ r on the corner? I got one. (Schegloff 2007: 40)

例（12）中的前两个话轮是一个相邻对，它们共同构成了前扩展部分，更确切地说，它们属于前扩展部分中的宣告前序列[2]类型。

2.2.1.2　书面语篇中的提问–回答模式

Hoey（1983, 2001）继承和发展了 Winter（1971, 1977）的小句关系理

[1] 将 base pair 译为“根相邻对”是采用了马文等（2013）中的译法。

[2] 鉴于所有的前扩展都是由相邻对构成的，Schegloff（2007: 28）将其称为“前序列”（pre-sequences）。前序列包括邀请前序列、给予前序列、请求前序列和宣告前序列等类型。

论，深入探讨了语篇的组织模式（pattern）。所谓语篇模式，就是指组织一个（或部分）语篇的关系的组合（combination）（Hoey 1983: 32），是小句关系在语篇层面上构建的更为复杂的关系。McCarthy（1991: 155）指出，最好将语篇的单位看作能够通过一些有限数量的认知关系，如原因–结果、手段–成就等关系，相互联系起来的功能段（functional segments），各个功能段相结合形成整个语篇的逻辑结构，即形成特定的模式。换句话说，语篇中的小句关系可以组合形成某些特定的模式，这些模式就是语篇组织的“宏观”模式（“macro” patterns）（McCarthy & Carter 1994: 55）。换句话说，一些常用的小句关系，如问题–解决、一般–特殊、主张–反主张、假设–真实、提问–回答等，都有可能在宏观语篇层面上体现为相应的语篇模式。Hoey（1983）在介绍和解析小句关系之后重点探讨了问题–解决模式、配比模式和一般–具体模式。他对语篇模式的探讨是以一些假设为前提的（Hoey 1983: 32-33）。

假设1　语篇和语篇中的片段（passage）都是有组织的；

假设2　语篇和语篇片段至少是部分地以层级方式组织起来的；

假设3　在语篇的较低层面即段落层，的确存在有限数量的可能关系。

Hoey（2001）认为，书面语篇中各个部分之间的关系是以作者和读者之间的互动为根据的，作者以预期并回答读者在阅读过程中可能会提出的问题的方式写作。为了回答读者可能提出的问题，作者在组织语篇时有三种策略可选：一为尽量精确地猜测读者期望回答的问题，并按照他们想要得到的答语顺序依次回答；二为作者直接给出问题并回答它们；三为直接给出作者和读者都知道并可参照的问题序列的答语从而组织语篇（Hoey 2001: 118）。Hoey（2001）根据第三种策略全面细致地介绍了五种语篇组织模式：问题–解决模式、目标–达成模式、机会–采取模式、期望唤醒–实现模式和知识空缺–填补模式。而后，他又另辟一章对提问–回答模式做了详细的讲解。作为语篇模式的多种类型之一，提问–回答模式是作者以猜测并回答读者在阅读过程中可能会提出的问题的方式组织语篇时采用的第二种策略。这种模式是疑问句的一种特殊用法，问句与答语都是由同一讲话人提供，体现书面语篇的对话性，是小句关系在语篇层面上的直接体现（苗兴伟 2012: 5）。提问–回答模式的结构如图2.6所示。

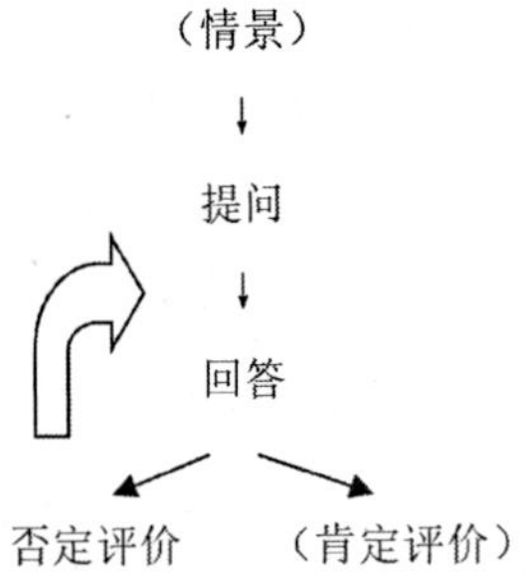

图2.6 提问-回答模式的结构图 （Hoey 2001: 175）

由图2.6可以看出，提问-回答模式的宏观结构包括情景、提问、回答与肯定评价或否定评价四个部分，其中的情景部分是可有可无的成分；肯定评价部分也可以不出现，若出现则表明语篇的终止；当出现否定评价部分时，该模式就要循环，重新进行解答。例如：

（13）It is not enough to hope ERA will pass. **How can we pass ERA?** If Blacks vote in great numbers, progressive Whites win. It's the only way progressive Whites win. If Blacks vote in great numbers, Hispanics win. When Blacks, Hispanics, and progressive Whites vote, women win… We must all come up together. We must come up together. (*Jesse Jackson, 1984 Democratic National Convention Address, 1984*)

在例（13）这一语篇中，第一句“It is not enough to hope ERA will pass.”（只是希望该法案会通过是不够的）设置一个场景，接着用一个 how 疑问句提出问题“How can we pass ERA?”（那怎样才能让该法案通过呢？），紧接着对 how（方式）做了详细的解释，回答了语篇中提出的问题。这就是一个典型的提问-回答模式语篇。

正如 Hoey（2001: 187）指出的：所有讨论的语篇模式“都来源于口语语篇和社会行为中的结构，或者说是对这种结构的记录”，提问-回答模式亦是如此，它与日常生活中的交换结构（exchange structure）本质上是相同的，“理解书面独白语的过程同于理解口语对话的过程”（Hoey 2001: 186）。但是，二者也有很大的不同。日常生活中的交际结构展示的是现实场景中交际参与者每时每刻的决断（moment-by-moment decisions），而提问–回答模式是对一次交际的记录，不管它是真实的还是虚拟的（Hoey 2001: 185）。也就是说，这种模式指出了语篇互动的更进一步的形式。它不仅能体现出作者和读者之间的互动，而且还可以体现出“作者和其他非读者之间的互动”（Hoey 2001: 184）。此外，Hoey（2001: 178-179）还指出提问–回答模式的一个独特之处，即在一些情况下，问句可以被省略，并举了下例：

（14）(What, then, is the advantage which we may hope to derive from a study of the political writers of the past? A view prevalent in earlier ages would have provided a simple answer to this question.) A work of politics, it would [once] have been said, is the handbook of an art, the art of governing ... (Hoey 2001: 171)[1]

很显然，例（14）若将括号部分的内容省去，依然不会影响读者对后面内容的理解。Hoey 只是在接下来的句中加进了一个单词 once，从而使语句更通畅。通过举例说明：即使没有问句，语篇仍然是可理解的自然语篇，但与原来带问句的语篇不同的是，省略问句后的语篇虽然可以被读者接受，却已经不再是提问–回答模式。

2.2.2 英语政治演讲语篇中的自问自答模式

演讲是一种在公共场合进行的语言交际活动，其主要目的为：演讲人希望通过自己的讲演，向听众传递自己的思想观点，力争说服听众同意自己的主张、观点和立场，与听众达成共识。显然，演讲具有很强的互动性和对话性，与日常对话一样，演讲的特点是“具有外在的和公开的对话性”（巴赫金 1998: 208），“对话性是演说语篇的重要特征和本质属性之一”（宋尧 2000:

［1］例（14）借用Hoey（2001）中的例9.1，但鉴于篇幅，只是借用了例9.1的开头部分，用于说明省略问句是可行的。其实为了说明这一点，Hoey 将例 9.1 中的前 20 句省去问句后以例 9.2 的形式展现给了读者并进行了分析，详可参见 Hoey 2001: 178-179。

35）。然而，虽然演讲是演讲人通过演说与听众进行交流，类似于日常谈话，但除即兴演讲外，一般的演讲都是经过精心准备、逐字推敲的，因为只有这样演讲语篇“在结构上才能更紧凑，才能不像一般的对话一样缺乏连贯，才能更接近书面语”（钱瑗 1991: 193）。可见，英语演讲语篇是一种特殊的语篇类型，它同时具有口语语篇和书面语篇的双重特征。

英语演讲语篇的这种互动性和对话性决定了提问–回答模式常用于此类语篇中，因为这种模式是小句关系在语篇层面上的直接体现（苗兴伟 2012: 5），“也直接体现了语篇的互动性或对话性”（苗兴伟 2012: 9）。Hoey（2001）也指出，提问–回答模式很少出现在较短的语篇中，这是因为所有的句子都可被看作未明确提出的问题的答语，如果问题的影响力不能覆盖较大篇幅，那么要选择显现一个问句就会很棘手（Hoey 2001: 170）。而在政治演讲时，其听众一般来讲比较多，演讲人有其特定的演讲意图和所要完成的“演讲任务”，又因为此类演讲具有政治性，为此，演讲人不会吝惜文字，而是尽量抓住演讲机会阐释清楚自己的观点和思想，传递信息。所以，政治演讲语篇一般都会比较长。这就为提问–回答模式用于英语政治演讲语篇提供了条件。Thompson（2001）认为书面语篇中有三种能够显性体现互动的选择：第一，作者提出命令（即祈使句），语篇中读者服从命令；第二，问句；第三，来自语篇中的读者（reader-in-the-text）用于被作者反驳的陈述内容，由假设–真实和让步关系体现（Thompson 2001: 66）。其中，问句和祈使句是显性最强的交互资源[1]（interactional resources）（Thompson 2001: 73）。这三种交互资源也同样适用于兼具书面语语篇特点的英语政治演讲语篇。由于这类语篇的目的是说服听众接受演讲人意欲传递的信息，从而接受并支持演讲人的政治观点和立场。因此，演讲人一般不会用表达命令的祈使句演讲，而比较倾向于选择

---

［1］书面语篇体现的是作者与读者之间的互动。Thompson（2001）对此进行了细致的研究，他认为互动可以利用两种互补的资源：互动（interactive）资源和交互（interactional）资源。互动资源是作者根据读者对语篇的反应作出的隐性假设，因而与读者可能的反应和需求相关。这种资源涉及对语篇信息流的组织，因此有助于指导读者阅读和理解整个语篇的内容。交互资源可以突显作者将潜在的对话体现出来的各种方式，用于给读者一种参与到语篇的论证之中、参与发展语篇的感觉。这涉及作者与读者（更精确地说，他自己心目中的读者）之间的显性互动，将他们的提问和反应包含在语篇中，从而为他们赋予各种言语角色。详见 Thompson 2001: 58-59。

自问自答模式，通过问句与听众进行显性互动，同时答语的展开或详述方式也可以选用第三种交互资源如假设–真实型方式等，进一步体现英语政治演讲语篇对强互动性的需求。这些交互资源的适切使用可以使语篇更加地自然通顺（Thompson 2001: 67）。

需要强调的是，英语政治演讲语篇中的自问自答模式的特点既与口语语篇中的问答相邻对有很大的区别，也不完全等同于书面语篇中的提问–回答模式。它与口语语篇中的问答相邻对虽然都是口语交际模式，并体现为一问一答，但后者由不同的会话参与者说出（Schegloff & Sacks 1973），“话轮转换是日常会话的基本组织形式”（Sacks, Schegloff & Jefferson 1974: 700），而问答结构的提问和回答两部分都是由演讲人一人给出的。也就是说，口语语篇的问答相邻对是两个或两个以上的参与者互动的结果，提问人是有疑而问，需要听话人就问题给出相关信息，听话人要对问话人提出的问题作出应答。在英语政治演讲语篇中，一直都是“一对多”的模式，演讲人是整个演讲活动的主体，听众则处于信息接收者和场下观察者的地位，因此，演讲语篇中的问句常常都是无疑而问，采用自问自答的模式来发展语篇、传递信息。演讲内容是经过精心准备的，演讲人根据需要提出问题并自己作答，“不期盼也不欢迎听众回答问题”（Thompson 1998: 143），以免打乱自己的演讲思路，破坏语篇的完整性和流畅性（杜娟 2016: 101）。可见，英语政治演讲语篇中的问答结构的选用是演讲的特点使然，这一点充分体现出演讲语篇更具有书面语篇的特征。

英语政治演讲语篇中的自问自答模式虽然具有书面语篇中提问–回答模式的特点，即自问自答，但它仍有其独特之处，主要表现为以下两点。

第一，在多数情况下，英语政治演讲语篇中的问句之前会出现一些语气提示语或直接提示语。语气提示语如“now、then、and then、well、so”等；直接提示语如“maybe you'll ask (the question)、the question is、some of you will say、the question arises、you say”等。例如：

（15）**Well, then the question arises, you say,** “*Well, how do you pay for these and how can you do it legally?*” And there are several ways that it can be done, incidentally, and that it is done legally in the United States

Senate and in the Congress. The first way is ... (*Richard M. Nixon, Checkers, 1952*)

例（15）是Nixon所做的题为*Checkers*的演讲的一部分，文中存有一个问句（如斜体所示），后面跟有显性答语。也就是说，这一语篇中有一个EAP结构。在这一语篇中，演讲人通过连续使用几个提示语（如粗体所示），如语气提示语well、then及直接提示语"the question arises，you say"等，提示听众，下面将在前文分析的基础上提出一个大家都很关心的问题"Well, how do you pay for these and how can you do it legally?"。从这个演讲语篇中也可以看出，这类语篇不同于一般的书面语篇，它可以使用一些语气词和（或）直接提示语来展示其口语的特性，从而增加与听众的对话性和互动性。这是英语政治演讲语篇中自问自答模式的特色之一。

第二，yes-no问答结构的使用频率较高，约占40.86%。提问是人的本能，人们只有在不断提问的过程中才能获取更多的知识，促进自身的发展。书面语篇中的提问–回答模式更加关注的是提问内容，因而常常由特殊疑问句充当，如新闻和学术语篇中特殊疑问句的比例约占所有问句的一半（Biber, *et al.* 1999: 212）。然而，由于英语政治演讲语篇还具有口语语篇的特点，除了wh-问答结构之外，yes-no问答结构出现的频率也相当高。在本研究收集的925个问答结构中，yes-no问答结构有378个，占总数的40.86%。

另外，如第一章所述，问答结构类型有两种。一种是既有问句也有显性答语的EAP结构；另一种是只体现出问句，答语隐含在该问语之中的IAP结构。这两种类型在英语政治演讲语篇中都存在，并且出现频率相当高。

概而言之，英语政治演讲语篇兼有口语和书面语的双重特征，这就决定了这类语篇中的自问自答模式具有不同于口语语篇中的问答相邻对和书面语篇中的提问–回答模式的特点。根据对语料的观察，英语政治演讲语篇中的问答结构按照问句和答语出现的个数及次序可以分为以下六种类型（杜娟 2016: 101-102），具体如表2.3所示。

表2.3 英语政治演讲语篇中问答结构的类型

序号	类型	表现形式
1	一问一答型	一个疑问句+一个（或多个）语段组成的答语

续表

序号	类型	表现形式
2	以问作答型	一个疑问句+多个IAP疑问句作答语
3	多问一答型	多个疑问句+一个答语
4	答语隐含型	一（多）个IAP疑问句+〇（答语囿于IAP疑问句）
5	问答–问答型	多个问答结构依次出现
6	连问–连答型	多个疑问句+多个答语

表2.3表明，在这些问句类型中，类型1—4是在语段层面提出的，而类型5—6是针对语篇整体框架提出的。既然英语政治演讲语篇中的自问自答模式是演讲人本人为了达到演讲目的在构思演讲稿时有意为之，那么，在这类语篇中，问答结构自然会具有一定的语篇组织功能，至于会具有哪些组织功能，其功能又会以何种方式实现，本书将在第三章至第五章详细分析讨论。下面先探讨演讲人选用问答结构组织语篇时主要采取的策略。

2.2.3　承前性策略和启后性策略

英语政治演讲语篇是一种特殊类型的语篇，对互动性、对话性和逻辑性等都有很高的要求。问答结构则是一种特殊的结构，有其独特之处，可以满足政治演讲语篇的上述需求。因此，在构思演讲稿时，演讲人常常选用问答结构。这种结构不仅能促进语篇的局部连贯性，也可以促进整体连贯性。但是，演讲人在选用这种结构组织语篇、促进语篇连贯时并不是盲目为之的，而是要遵循两个基本策略：承前性策略和启后性策略。

2.2.3.1　承前性策略和启后性策略的提出

主位结构和信息结构是英语语篇组织的两种资源，都与信息传递紧密相关，而且在英语口语中二者之间的确存在着无标记的对应关系，因而可以结合这两个结构分析语篇。上升到语篇层面的主位概念和信息概念，以及这两对概念各自内部（宏观主位与超主位之间，宏观新信息与超新信息之间）、相互之间的关系，更为语篇的宏观结构和整体连贯性的分析提供了思路和方法。小句关系是一种常见的语篇宏观结构组织，也是语篇信息交流中非常重要的语篇特征（Jauro, *et al.* 2012: 44）。它既可以指小句与小句之间，也可以指语段与小句或语段之间的关系。小句关系在语篇组织和建构中具有不可或缺的作用，因为关系问题是讨论任何语篇组织时都需要考虑的重要因素（Hoey 1983: 17）。所有的语篇都是由小句关系构建的，语篇中“每一个句子（句子的一部分或句群）与该语篇中至少另外一个句子（句子的一部分或句群）之间存在一定的关系”（Hoey 1983: 169）。据此，当具体讨论一个语篇是如何组织和构建时，关注语篇各个层面内部和各个层面之间的关系，在一定意义上也就相当于关注了语篇的组织方式，“语篇组织就是意义之间的各种关系”（Halliday & Hasan 1989: 71）。

根据主位结构理论、信息结构理论以及小句关系理论，语篇中每一个句子的主位和述位、已知信息和新信息，都与前后句子的主位和述位、已知信息和新信息有密切的关系。句子中的主位或已知信息不仅与上句有一定的承接关系，同时，作为信息的起始点，也推动了下文内容的发展。从宏观上看，语篇主位结构、语段主位结构之间和语篇信息结构、语段信息结构之间的关系亦是如此。语篇 / 语段主位或已知信息与其上文的内容之间是由一定的小句关系维系的。换句话说，它们是以某种方式承接上文信息而出现的。同时，语篇 / 语段主位或已知信息是下文的起始点，为下文的发展定位，确定语篇的发展方向。语篇 / 语段述位或新信息则是围绕该语篇 / 语段主位或已知信息展开，是注意的焦点。它与语篇 / 语段所要传递的目标相关，通过承接上文从而使信息不断累加达到信息峰点（point），为语篇提供语场。概括地讲，语篇中的小句或语段与其上文语篇和下文语篇之间，可以通过一定的方式表现为承前关系（backward-referring relation）和启后关系[1]（forward-guiding relation）。

一般来讲，语篇的信息流是按常规的方式发展的，即陈述用于给予信息，而提问就是为了索取或寻求信息。但众所周知，并不是所有的语篇都按常规

[1] 向心理论（Centering Theory）中的回指中心（backward-looking center）、下指中心（forward-looking center）等概念也给本书承前关系和启后关系的提出提供了灵感。根据向心理论，回指中心“决定了当前的句子是如何与上文语篇合并在一起，从而增大当前语篇模型的”，下指中心“决定了当前的句子是如何与下文语篇连接起来的”（Joshi & Weinstein 1981: 385）。关于向心理论中回指中心和下指中心概念及它们在语篇中所起作用的详细论述，可参见 Grosz, Joshi & Weinstein（1983, 1995），Walker, Joshi & Prince（1998）及苗兴伟（2003）等。

方式组织信息，其实，在有些情况下，人们更愿意"不走寻常路"，用非常规的方式组织语篇，从而达到讲话人或作者的谋篇意图。英语政治演讲语篇就是一种特殊类型的语篇。它的组篇目的并不只是向听众传递一些信息，最重要的是要通过演讲说服听众，使听众接受并支持演讲人的政治观点和主张。为了达到这一目的，演讲人在谋篇布局时常常选用问答结构，而就是这样一种看似"多此一举"的问答结构凭借其自身的特点在英语政治演讲语篇的组建过程中起到了重要的作用。那么，演讲人如何运用问答结构组织英语政治演讲语篇呢？根据这类语篇和这种结构各自的特点，我们认为，演讲人在运用问答结构组织语篇、促进语篇连贯时主要采取两条策略：承前性策略和启后性策略。

策略一：承前性策略。问答结构的出现是显性或隐性地以上文为基础的，主要体现为直接承接（如补充说明关系、时间顺序关系、阐发关系、归纳关系、比较关系等）和层级间承接（如解释说明关系、补充说明关系、转折关系等）组织方式。

策略二：启后性策略。问答结构中的问句可以为语篇下文发展定位，主要体现为答语以一般–个别型、否定–修正型、列举型、提问–推论型、对比型、时间顺序型等方式组织语篇。

2.2.3.2　承前性策略和启后性策略的说明

承前性策略和启后性策略是演讲人运用问答结构组织英语政治演讲语篇时采取的主要策略。针对这两个策略有以下三点说明：

第一，问答结构的承前力和启后力的强弱要依照该结构中的问句在语篇中的位置而定。在英语政治演讲语篇中，EAP 结构和 IAP 结构这两种类型的结构都存在。显然，这两种结构都是承接着上文语篇出现的，因为"新引入的实体必须要与现有语境有一定程度的联系才具有信息价值"（高卫东 2008: 98）。然而，这两种结构中的问句在语篇中的位置决定各自在语篇中表现出的承前力和启后力并不完全相同。就 EAP 结构而言，该结构中的 EAP 疑问句在提出问题时新导入一个话题，这一话题必须与当前的演讲语境有一定程度的联系才具有信息价值。同时，EAP 疑问句与其答语构成的问答结构因其意义完整性、结构连贯性和交际整体性等特点而组成一个语段。其中，EAP 疑问句处于问答语段的开端，或者说，它点出了语段中后面语句所讨论的那个主题，后面所有的语句都是围绕着它而展开的，是对讨论话题的详细阐述。因此，相比较而言，EAP 疑问句的启后力强于承前力，在英语政治演讲语篇中会具有导入-详述的语篇组织功能（详见第三章）。就 IAP 结构而言，该结构的答语隐含在问句当中，常构成自问自答模式中的只有问句（答语隐含）的类型，即便有时会出现显性答语，也只是对隐含在问句中的答语的强调。因此，IAP 结构与上文的关系更为密切，二者常常组成一个语段，IAP 结构位于语段的末端，其承前力强于启后力，通过问句诱导听众思考，并通过隐含的答语对上文进行总结。也就是说，IAP 结构在英语政治演讲中具有总结-诱思的语篇组织功能（详见第四章）。

第二，这两条策略不仅适用于语段层面，而且也适用于整个语篇层面。一个结构清晰、组织有序的语篇，不仅要注重它的微观结构，达到局部的连贯，而且还要关注它的宏观结构，达到整体的连贯性。正如 Hoey（2001: 52）所说，在组织语篇时，“作者不仅要从局部上而且也要从整体上（both locally and globally）预期读者的要求”。系统功能语言学的主位结构理论和信息结构理论，尤其是 Martin（1992）提出的宏观主位、超主位和宏观新信息、超新信息概念，以及 Winter 的小句关系理论，可以更好地从宏观上对语篇进行结构分析。以此为理论基础提出的承前性策略和启后性策略自然适用于对语篇各个层面的组织和构建。问答结构，尤其是 EAP 结构中的问句和答语一起组成一个语段主位 / 信息结构，问句为语段主位 / 已知信息，充当“小主题”，答语则为语段述位 / 新信息，围绕问句展开。显然，在这种问答结构构成的语段中，问句起支配、控制作用，而答语部分则是演讲人要传递给听众的新信息，问句通过支配答语部分的展开方式推进语篇信息流的向前发展。同时，这一语段主位 / 信息结构与其他的语段主位 / 信息结构也会发生联系。也就是说，语篇中的各个问答结构之间可能会组成一定的发展类型，共同构建整个语篇的结构框架，通过各种组织方式达到语篇的整体连贯。因此，英语政治演讲语篇中的问答结构在组织语篇时具有框定功能（详见第五章）。

第三，承前性策略和启后性策略是综合考虑英语政治演讲的目的、特点以及问答结构的类型特征等因素提出的。英语政治演讲语篇兼具口语语篇和书面语语篇的双重特征，其目的是向听众传递信息，从而说服听众接受并支持他的政治观点和主张。这就要求演讲人在组织语篇时尽量使语篇显得互动性、对话性及逻辑性强，并应尽量采用符合听众接受信息的常规方式。另外，在这类语篇中，由于答语的体现方式不同，EAP 结构和 IAP 结构这两种结构类型与其他相关语句、语段乃至更大的语篇之间的关系自然不同，因而具有不同的语篇组织功能。根据问答结构的类型特征和语篇类型的特征，EAP 结构中的问句既可以直接承接相邻语句的语义内容出现，也可以以层级间承接方式承接上文语篇话题而出现。同时，该 EAP 疑问句与答语之间为被解释和解释关系，答语在问句的影响下会以某种方式发展语篇以满足当时语篇语境的需求。IAP 结构的特点决定了它与上文的关系密切，体现为总结和被总结的关系，并能结合当时的语篇语境以某种方式直接承接上文语篇。简言之，承前性策略和启后性策略中的各种语篇组织方式都是演讲人综合考虑英语政治演讲的特点、问答结构的类型特征等因素的结果。这是本书研究关注的重点（详见第三章至第五章）。

2.3 小结

系统功能语言学的主位结构理论和信息结构理论虽然为分析语篇提供了很好的思路和方法，但它们对语篇发展的讨论更多是依赖小句与小句之间的句首和句尾位置。Martin 在 Halliday 的基础上更进了一步，从宏观上提出了超主位、宏观主位、超新信息和宏观新信息等概念，讨论主位和述位、新信息和已知信息在语段乃至整个语篇层面的体现和变更。Martin 的语篇主位理论虽然对语篇的分析上升到了宏观层面，但对语篇各个层面内部和层面之间的逻辑语义关系的研究还不够具体和深入。而 Winter（1971）的小句关系理论主要探讨的是语篇各个层面，如小句与小句、小句与语段或语段之间，究竟可以体现为何种关系，恰好可以弥补这一方面的不足。因此，将主位结构、信息结构和小句关系结合起来，可以对语篇宏观结构组织分析得更加全面和深入。

英语政治演讲语篇是一种特点鲜明的语篇，具有较强的鼓动性，虽然是“一对多”的演讲模式，但互动性、对话性强。同时，这种语篇需要更严密的逻辑性。语言的表达方式丰富多彩，谋篇手段也有多种，但鉴于政治演讲语篇的独特之处，演讲人常常选用问答结构来组织这类语篇。

本章以系统功能语言学的主位结构理论和信息结构理论及 Winter 的小句关系理论为理论基础，综合考虑问答结构的类型特点、政治演讲的特点等因素，提出并阐释了演讲人运用问答结构组织这类语篇时主要采取的两条策略：承前性策略和启后性策略。这两个策略的提出可以使我们从演讲人的视角来观察语篇的建构，不再仅仅停留在对句与句之间或语段与语段之间主述位、新旧信息的更替的讨论，而是重点关注对语段内部、语段与语段之间的关系或者说组织方式的探讨，这比纯粹的主位结构及信息结构的分析更深入了一步，也补充了语篇组织方面的研究。本章通过对承前性策略和启后性策略的阐释说明了问答结构是演讲人在谋篇布局时对语篇构成成分进行选择的结果。正是这样一种“多此一举”的问句及其答语可以很好地满足政治演讲语篇的目的和特点的需求，发挥着重要的承前和启后功能。第三章至第五章将以此为基础对英语政治演讲语篇中问答结构的三种主要语篇组织功能，即导入-详述功能、总结-诱思功能及框定功能，进行详细论述，回答本书前言中提出的第一个研究问题——问答结构在英语政治演讲语篇中有哪些组织功能。同时，在各个章节的讨论中，将重点阐述问答结构尤其是问句与其上下文相关内容及更大的语篇之间的关系问题，以期回答本书前言中提出的第二个研究问题——问答结构语篇组织功能是以何种方式实现的，即问答结构是如何组织、构建语篇的。

第三章
问答结构的导入-详述功能

由第二章可知，演讲人运用问答结构组织英语政治演讲语篇时主要采取两条策略：承前性策略和启后性策略。通过对这两条策略的阐释可知，问答结构在语篇中主要具有导入-详述、总结-诱思和框定功能。本章将重点讨论导入-详述功能。先看一个政治演讲语篇：

（1）The President’s deficit is a direct and dramatic repudiation of his promise in 1980 to balance the budget by 1983. The deficit is the largest in the history of the universe. It—President Carter’s last budget had a deficit less than one-third of this deficit … It is a mortgage on our children’s future that can be paid only in pain and that could bring this nation to its knees.

例（1）主要讨论的是总统的赤字问题。根据语篇是作者 / 讲话人与读者 / 听话人互动的结果这一观点，第二个句子是演讲人预期听众可能会提出的问题“How large is it?”而给出的回答，并且整个语篇读起来也比较通顺流畅。然而，例（1）实际上并不是演讲语篇的原文，其间省略了一个句子。Mario Matthew Cuomo 于1984年做民主党全国代表大会主题演讲时，将他预期听众会提出的问题显性地表达了出来，而后才给出答语，如例（1’）所示。

（1’）The President’s deficit is a direct and dramatic repudiation of his promise in 1980 to balance the budget by 1983. **How large is it?** The deficit is the largest in the history of the universe. It—President Carter’s last budget had a deficit less than one-third of this deficit. ... It is a mortgage on our children’s future that can be paid only in pain and that could bring this nation to its knees. (*Mario Matthew Cuomo, 1984 Democratic National Convention Keynote Address, 1984*)

那么，既然例（1）已经是一个通顺流畅的语篇，演讲人为什么倾向于将预期听众会提出的问题显性地表达出来呢？难道不是多此一举吗？Thompson认为，这种方式可以让读者/听话人更加信服地参与发展论点（Thompson 2001: 62）。根据本书提出的分析框架，我们认为，例（1’）中演讲人选用的是一个问答结构，这种结构在语篇的组织过程中具有导入–详述功能。所谓导入–详述功能，就是指这类语篇中的问答结构以上文为基础，先通过问句引入一个新话题，然后答语部分通过对该话题进行详细阐述来发展语篇。这种功能是演讲人综合采取承前性策略和启后性策略的结果。

本章3.1节首先探讨问答结构的导入–详述功能应具备的前提条件。3.2节将对具有导入–详述功能的问答结构与政治演讲语篇的特征关联性进行分析。3.3节讨论这种结构中的答语部分的判定手段，以便为后文具体探讨该问答结构内部、问答语段与语篇中其他语段之间的关系提供基础。3.4节将描述具有导入–详述功能的问答结构在政治演讲语篇中呈现的模式类型。在此基础上，3.5节和3.6节将重点分析问答结构组织语篇的导入方式和详述方式。3.7节是对本章内容进行的总结。

3.1 导入–详述功能的前提条件

在英语政治演讲语篇中，并不是任何一类问答结构都能具有导入–详述功能。本节将讨论问答结构需要具备哪些前提条件才能在组织这种类型的语篇时具有导入–详述功能。

3.1.1　上文话题完结或暂时中止

在英语政治演讲语篇中，问答结构具有导入–详述功能的前提条件之一应是上文的话题刚好完结或暂时中止。一个演讲语篇会有一个演讲主题，也就是演讲人在组织语篇时首先要弄清楚、想明白的内容：what is the speech about?（这篇演讲是关于什么的？），而后在此基础上，演讲人还要通过讨论大大小小不同的话题来阐释或论证演讲主题。这是政治演讲语篇的基本论证模式。

语篇的基本结构单位应是由阐述同一主题紧密相关的若干句子构成，应具有意义完整性、结构连贯性和交际整体性等特点（布拉霍夫斯基 1952，参见姜望琪 2011；黄国文 1988；杨一飞 2011）。这样的基本结构单位可称为语段，语段通过在层次上的叠加形成完整的语篇。在语篇信息流的发展过程中，问答结构可以构成一个语段，通过问句的形式暂时中止上文讨论的信息，以特殊疑问词[1]为提问焦点提出一个需要听众关注的新话题，答语则对该话题进行详细阐述。那么，既然问句导入的是一个新话题，这就意味着其上文的话题应刚好结束或暂时中止，这样才能确保该问答语段能在当前语境下出现，通过发挥导入–详述功能推动语篇信息流按照演讲人的意愿继续发展。例如：

（2）**What is it? What is it about the Democratic Party that makes it the instrument the people use when they search for ways to shape their future?** Well I believe the answer to that question lies in our concept of governing. Our concept of governing is derived from our view of people. It is a concept deeply rooted in a set of beliefs firmly etched in the national conscience of all of us.

Now what are these beliefs? First, we believe in equality for all and privileges for none … (*Barbara Jordan, 1976 Democratic National Convention Keynote Address, 1976*)

[1] 如果问答结构是特殊疑问句形式，特殊疑问词自然是引导该特殊疑问句的疑问词；如果是一般疑问句，则是该一般疑问句隐含的特殊疑问句的疑问词。

例（2）中有两个问答结构，两处粗体部分分别是这两个结构中的问句，后面都跟有显性答语。前面的问句引出了“到底民主党是怎样一个政党？为什么当人们寻找塑造他们的未来出路时都会指望民主党呢？”下面的内容给出了答语，虽然出现了同类管领句“Now what are these beliefs?”，但是此时我们并不能草率地将前面问句的答语判定为“Now what are these beliefs?”之前的内容，因为与其他判断方式相比，语义内容是否改变则更为重要[1]。此时的“Now what are these beliefs?”是紧接上文答语中提到的“一套信念”这一重要概念导入了一个“这些信念是什么”的新话题，并通过答语对这一新话题进行详述。它暂时中止了前面对执政理念这一话题的讨论，转入了一个层次较低的话题，但是这一话题也是对前一粗体部分的问句导入的话题的进一步论证和阐释，仍是它的答语组成部分。由分析可知，只要问答结构具有导入–详述功能，它就需要以上文的话题完结或暂时中止为前提条件。

3.1.2 被解释–解释关系

由第二章可知，语篇中的语句并不是以一种方式发挥承前作用和启后作用的，而是与相邻语句间存在着这样或那样的关系，同时与更大的语篇单位之间也存在着一定的关系。英语政治演讲语篇中的问答结构自然也不例外，这种结构的内部、其与相邻语句及更大的语篇之间必定有一定的关系维系。据此，要想全面深入探讨英语政治演讲语篇中问答结构是如何组织语篇的，就要以问答结构中的问句为中心点，关注它与答语（如果答语显性体现）或与上文相关内容之间的关系，同时也要关注问答结构之间及其与更大语篇之间的关系。在英语政治演讲语篇中，两种类型的问答结构都存在，并且出现频率相当。当问答结构中答语隐含时，该结构无法对问句所传递的信息进行详细论述，自然不具有导入–详述功能。当问答结构中含有显性答语时，问句和答语共同构成具有“意义完整性、结构连贯性和交际整体性”特点的语段，问句是该语段的小主题，答语围绕着该小主题而展开。或者说，答语是对该小主题的进一步解释和说明，问句则是被答语解释的对象。因此，英语政治演讲语篇中的问答结构具有导入–详述功能的前提条件之二应为，该结构中必须包含显性答语，问句和答语之间的关系表现为被解释–解释关系。

[1] 关于对问答结构中的答语部分的判断手段，我们将在 3.3 节详细讨论。

3.1.3　语段主位

主位这一概念最初是在小句的层面上提出来的，它是小句的出发点和信息的起始点（Halliday 1985, 1994），不仅为小句设置情景，同时也为解读语篇定位（Halliday & Matthiessen 2004）。层级是系统功能语言学中一个很重要的概念，语言是有层级的，诸如小句、词组 / 短语、单词、词素等。相应地，主位也可以在不同的层面上有所体现，Martin（1992）在 Halliday 提出的小句层面的主位概念的基础上，从语篇整体考虑，进一步提出了超主位和宏观主位的概念，分别体现于语段和语篇层面。这可称为语段主位和语篇主位。这样，主位概念的层级性就可表示为如图3.1。

小句 —— 语段 —— 语篇

¦ ¦　　¦ ¦　　¦ ¦

小句主位——语段主位——语篇主位

图3.1　主位的层级性

如3.1.2节所述，在政治演讲语篇中，问句与其答语构成的问答结构是对某一想要传递的内容的提出和解释，因而具有意义上的完整性；同时，又由于这种问答结构既有问也有答，因此具有结构的连贯性；而且，问句和答语作为一个问答相邻对，是日常交际过程中常用的交际模式，具有交际的整体性。因此，可以把语篇当中的问答结构看作语段，问句是该语段的小主题，是该语段的出发点和信息传递的起始点，发挥语段主位的角色；而答语部分是围绕着小主题而展开的，是对小主题的阐释和发展，发挥的是语段述位的角色。问答结构与语篇中的主位结构对应关系可表示为如图3.2。

自问自答结构 = 问句 + 答语

¦ ¦　　¦ ¦　　¦ ¦

主位结构 = 语段主位 + 语段述位

图3.2　问答结构与主位结构的对应关系

因此，英语政治演讲语篇中的问答结构具有导入–详述功能的前提条件之三应为，问答结构中的问句在它与答语构成的语段中充当语段主位。

3.1.4 较强的启后力

宇宙间万事万物虽有联系，但相互之间的关系却有远近之别，物与物之间相互作用，但一事物与其他事物之间作用力的大小也不尽相同，反映在语篇信息流的发展过程中亦是如此。语篇中的每一个小句都是一则消息，在整个语篇所传递的信息中都占有一席之地，但在信息流的传递过程中所发挥的作用是不尽相同的，因为每个小句在语篇当中的位置及其与相邻语句、语段乃至语篇之间的关系是不同的。具体到政治演讲语篇而言，演讲人采取承前性策略和启后性策略，运用问答结构组织语篇时，可以充分体现这类语篇的强互动性、强对话性等特点，在组织语篇的过程中发挥特有的承前和启后功能。演讲人根据需要会将问答结构置于语篇的不同位置。位置不同则与上下文之间的“吸引力”就会不同，其主要功能也会不同。假如将政治演讲语篇中问答结构的问句对上文的作用力称为承前力，对下文的作用力称为启后力，那么承前力和启后力的强弱则是该问句与上下文关系密切程度的体现。当承前力强于启后力时，自然表现出该问答结构与上文关系更为密切，处于上文语段的结尾部分。反之，当启后力强于承前力时，该问句与下文关系更为密切，处于下文语段的开端部分，那么下文语段中除了该语段开端位置的问句外还会有其他的语句对这一语段所欲传递的信息进行阐释。政治演讲语篇中的问答结构本身就是希望听众将关注的焦点聚集在某一点即提问焦点[1]上，如上文例（2）中“Now what are these beliefs?”中的“these beliefs”虽然在该语篇上文中已提及，但此处演讲人通过这一疑问句提醒听众关注的焦点是 what 疑问词，即这些信念是什么，而后文则一一介绍这些信念，对该问句做进一步详述。可见问句与其下文的答语部分语义内容更为密切，导入–详述功能由此即可体现。据此，英语政治演讲语篇中的问答结构具有导入–详述功能的前提条件之四应为，该问答结构中问句的启后力应强于它的承前力。

总之，问答结构只有同时满足以上四个前提条件，才能够具有导入–详述

[1] 提问焦点常常是特殊疑问句中的特殊疑问词或一般疑问句中隐含的特殊疑问词。

功能。问答结构的类型之一——EAP 结构是由问句和答语构成的一个问答语段。它可以通过 EAP 疑问句导入一个新的话题，并充当所在语段的语段主位，虽然是在承接上文语篇的基础上出现的，但它的启后力明显强于承前力。因此，EAP 结构可以满足以上四个前提条件，具有导入–详述功能。

3.2　EAP 结构与演讲语篇的特征关联性分析

由3.1节可知，当演讲人选用疑问句组织英语政治演讲语篇时，EAP 结构可以满足所有的前提条件从而具有导入–详述这种语篇组织功能。不可否认的是，演讲人在组织语篇时也可以作出其他选择，如陈述句，来导入一个话题并在后文中进行详述。然而，根据语料统计，在所收集的202篇政治演讲语篇中，有123篇都含有问答结构。其中，EAP 结构就有506个。那么，为什么演讲人在组织政治演讲语篇时，有时会舍弃其他导入话题的方式，包括最常规的陈述句，而更愿意选择 EAP 结构呢？我们认为，这是由 EAP 疑问句的特点和英语政治演讲语篇的特点共同决定的。

语篇类型对语言的使用和理解起到非常重要的作用（Halliday 1985, Goatly 1994, Unger 2006）。语篇类型的功能总体分为四个主要范畴：语言学功能、解释学（hermeneutical）功能、社会学功能和历史学功能（Unger 2006）。具体到语篇构建来说，Petöfi 和 Sözer（1985: 311）曾指出，“对事态的描述在散文、议论文、会话及独白中的安排是不同的”。语篇类型的特点应是语篇构建过程中一个很重要的影响因素，作者 / 讲话人在选择某些结构构建语篇时，该结构的特点与构建语篇的类型特点能否有机地融合应是作者 / 讲话人重点考虑的方面之一。

英语政治演讲语篇是一种说服性语篇（persuasive discourse）[1]。所谓说服，就是诉诸理性、价值、信仰和情感，从而劝服读者 / 听话人以特定的方式思考或行为（Badarneh 2009: 640）。英语政治演讲这类说服性语篇的目标就是，通过有效演讲改变听众的政治立场和观点、意识形态或信念系统等。众所周知，

［1］本段对英语政治演讲语篇的特点进行的分析作为前期成果已被刊出，详见杜娟（2015c: 21）。

要从根本上改变一个人的政治立场、信念等是非常困难的。而且，这类说服性语篇还有一个特点即 Lakoff（1982）指出的非互易性（nonreciprocity）。所谓非互易性，是指说服性语篇的信息传递方式是单向的，即一个人主动传递信息，其他人接收但并不向作者 / 讲话人传递言语信息。这显然为说服性语篇的目标达成增加了很大难度。有效的英语政治演讲语篇应该具有强互动性、强对话性和强逻辑性的特点。因为一方面，演讲人只有与听众保持较强的互动和对话，才能激起听众对演讲内容的兴趣，调动他们的积极性和主观能动性；另一方面，语篇组织只有逻辑性强才能使论证充分、有理有据。这样才有可能打破听众内心的那道防线，使他们从一个场下观察者和信息接收者转变为积极参与者和信息接受者，从而达到演讲者的目的。可见，说服性语篇的非互易性特点与演讲语篇的上述需求之间存在一定的矛盾。为了弥补这一点，演讲人在组织语篇时就会倾向于采取一些策略或方法，尽量使听众加入“拟相互的（quasi-reciprocal）交流”（Badarneh 2009: 645）中。

EAP 疑问句是疑问句的一种特殊用法。与疑问句的有疑而问、寻求答语的常规用法不同，EAP 疑问句的特点表现为无疑而问，并且下文会有显性的答语与其一起构成问答结构。提问是一种“互动力很强的策略”（Fishman 1983: 94）。讲话人通过提问，很自然地将听话人邀请到一个显性的互动和对话中，并且对听话人有一个提示作用，提醒听话人“下面将要进入一个小话题，请您（你们）注意”。由于人本能地对问题会有很强的好奇心，再加上处于被提问的状态，“问句要求下一个话语即答语的出现”（Fishman 1983: 94），问句就会刺激听话人对提出的问题尤其是问句的焦点产生积极的或者是应激性的反应，这样，疑问句导入的话题自然会受到格外的关注。可见，讲话人通过提问这一策略可以充分调动听话人的参与意识和积极性，使交流具有很强的互动性和对话性。另外，讲话人选用 EAP 疑问句，其目的就是通过自问自答的方式阐释 EAP 疑问句提出的话题。问答结构之间本身就具有很强的逻辑关系，从问题预设答语的出现和答语要依赖问句进行界定可见一斑。而且，讲话人是要通过自问自答的方式论证自己的观点和主张，答语是有备而来的，因此，问答这两部分之间及问答结构的答语内部的逻辑性自然要比其他组织语篇的方式（如陈述句）要强一些。EAP 疑问句还有一个特点不容忽视，即通过提出一个问题紧接着进行回答，讲话人和听话人的声音（voice）[1]融合在了一起（Badarneh 2009: 655）。这是讲话人的有意为之，意欲给人一种讲话人与听话人之间存在着设想（assumptions）和价值观（values）“完全一致（complete solidarity）”（Vološinov 1973: 138）的感觉或者说错觉。

在英语政治演讲语篇中，EAP 疑问句的这些特点可以得到充分发挥。当演讲人选用 EAP 疑问句及其答语导入和详述一个话题时，与其他组织方式相比，EAP 结构可以以其具有的强互动性、强对话性以及强逻辑性改善英语政治演讲语篇非互易性特点与演讲需求之间的矛盾。另外，通过选用 EAP 结构导入和详述一个话题，演讲人其实在暗暗地给听众“洗脑”——演讲人和听众“关于讨论的政治议题共享同样的设想”（Badarneh 2009: 655）。演讲人代替听众回答问句预设了双方观点、看法已经达成一致，这样也有助于与听众达成“身份认同”（identification）（Burke 1969: 19）。综上所述，演讲人选用 EAP 结构组织语篇是有其动机和目的的，这种结构有着不同于其他谋篇手段的特点，可以积极地促成英语政治演讲语篇目标的实现。

3.3 EAP 结构的答语判定

对英语政治演讲语篇中 EAP 结构导入–详述功能的探讨关涉到该结构中的问句与答语，因而有必要先确定这种结构中问句所管领的范围，换句话说，要先确定它的答语部分止于何处。这样才能为进一步探究这种功能的实现方式提供基础。廖秋忠（1991，1992）曾提出管界和篇章管界概念。他认为，管界结构包括两个部分：管领成分和该管领成分的管领范围，若管领成分所管领的范围跨越了句子边界，则为篇章管界（廖秋忠 1992: 92）。篇章管界现象“有助于确定局部的篇章结构”（廖秋忠 1992: 112）。据此可以认为，英语

[1] 声音（voice）是 Bakhtin 对话语篇中的一个中心概念。语言形式是与由社会地位和意识形态等划分的不同的社会群体相关联的。用某种“声音”说话就是指“使用代表某一（些）社会地位的语句，因为这些语句是某一特定群体成员常常使用的”（Wortham & Locher 1999:113）。如果某一讲话人使用的语句与其他群体相关并体现其他群体的社会地位等，那么此时就出现了 Bakhtin（1984:185）所定义的“双重声音/表达（double voicing）”。

政治演讲语篇中 EAP 结构就是这样一种问句充当管领成分，答语为管领范围的篇章管界结构。这主要是因为它具有如下两个特点：

第一，该结构是由两部分组成的。有问句的出现，就必然预示着它的答语的出现，这是该问答结构的特点。这样，从形式上讲，语篇中的这种结构与篇章管界结构相似，都由两部分组成，而且二者能形成一个有机整体。（杜娟 2020: 123）

第二，该结构的问与答之间存在覆盖关系。在问句与其答语组成的问答结构中，问句起到主题句的作用，是一个小话题，而答语部分则是针对小话题展开的，是对问话内容的解释说明。因而，从语义上讲，这种结构中的问句通过覆盖关系支配和统领着它的答语部分，答语部分则被问句管领，是对问句的解释和说明。（杜娟 2020: 123）

这两个主要特点说明，EAP 结构是一个篇章管界结构。那么，在英语政治演讲语篇中，EAP 疑问句的答语 / 管领范围的判定手段都有哪些呢？对语料的观察和分析发现，虽然话题 / 主题的改变是比较次要的判断篇章管界延伸到哪里的手段（廖秋忠 1992: 106），但是，在对英语政治演讲语篇中问句与答语构成的篇章管界结构的管界进行判断时，话题是否改变起主导作用。这是因为，话题 / 主题的改变"通常是在语境不起作用或者管领词语本身就是话题 / 主题的情况下才起主导作用"（廖秋忠 1992: 106）。EAP 结构就有这样的特点。作为管领句的 EAP 疑问句本身就是该篇章管领结构讨论的话题，其答语 / 管领范围围绕问句提出的话题展开，从而对问句作出回答。例如：

（3）... And that is the most important topic on earth: peace. **What kind of peace do I mean and what kind of a peace do we seek?** [Not a Pax Americana … I am talking about genuine peace, the kind of peace that … , not merely peace in our time but peace in all time.]
I speak of peace because of the new face of war … (*John F. Kennedy, American University Commencement Address, 1963*)

在例（3）中，粗体部分提出问题"我们将要讨论和追求的是什么样的和平呢?"下面答语部分是针对这一话题的解释和说明，"不是……，不是……，我所讨论的是真正的和平，是……的和平”。这一问句与其答语共同构成一个篇章管界结构，而对这个管界结构的管领范围的判定主要依靠语义是否和谐、话题是否改变来判断。很显然，该问句的答语 / 管领范围止于斜体部分“*I speak of peace because of* ...”之前，因为上文语句在语义上更紧密，斜体部分已经由问句提出的话题“我们将要讨论和追求的是什么样的和平”，转向讨论一个新话题，即“为什么要讨论和平”了。

在英语政治演讲语篇中，对 EAP 疑问句的答语 / 管领范围的判断主要以话题是否改变为依据，同时还有以下几种比较明显的判断方式。

3.3.1　关键词的重现

（4）And now, **what are those of us who are elected public officials supposed to do?** [*We* call ourselves *"public servants"* but I' ll tell you this: *We* as *public servants* must set an example for the rest of the nation. It is hypocritical for the *public official* to ... *We* must provide the people with a vision of the future.

If *we* promise as *public officials*, *we* must deliver. If—If *we* as *public officials* propose, *we* must produce ... If the *public official* says that, *we [public officials]* must be the first to give. *We* must be. And again, if *we* make mistakes, *we* must be willing to admit them. *We* have to do that. What *we* have to do is ...]

Let there be no illusions about the difficulty of forming this kind of a national community ... (*Barbara Charline Jordan, 1976 Democratic National Convention Keynote Address, 1976*)

在例（4）中，what 特殊疑问句是演讲人以自己的口吻提出的一个问题“我们这些政府工作人员应该做些什么呢”，并紧接着对此问句进行回答。显然，这两部分构成一个 EAP 结构。其中，EAP 疑问句为管领句。对其管界即答语的判断可根据答语中反复出现的关键词“we”“public servants”和“public officials”。因此，管界范围就止于“Let there be no illusions about ... ”句前。

3.3.2 同一句式的重现

（5）**The question is, was it morally wrong?** [*I say that it was morally wrong —if* any of that 18,000 dollars went to Senator Nixon, for my personal use. I *say that it was morally wrong if* it was secretly given and secretly handled. *And I say that it was morally wrong if* any of the contributors got special favors for the contributions that they made.]

And now to answer those questions let me say this: …(*Richard M. Nixon, Checkers, 1952*)

在例（5）中，粗体的一般疑问句是一个管领句，支配和统治着下面的答语内容，构成 EAP 结构。对答语 / 管领范围的判断可依据斜体部分"*I say that it was morally wrong if*"这一句式的反复出现，因此，答语 / 管领范围止于"And now to answer those questions …"句前。

3.3.3 同类管领句的出现

（6）**What did we do with this money? What do we have today to show for it?** [This will surprise you because it is so little, I suppose, as standards generally go of people in public life.

First of all, we' ve got a house in Washington, …We have no interest of any kind, direct or indirect, in any business.]Now, that' s what we have.

What do we owe?

Well in addition to the mortgage, …(*Richard M. Nixon, Checkers, 1952*)

在例（6）中，演讲人通过提出两个 what 疑问句引出话题，然后给出答语，显然，这也是一个 EAP 结构。该结构中的 EAP 疑问句做管领句，其答语 / 管领范围的判断手段为同一级别的管领句"What do we owe?"的出现，这表明这一管领句及下面的答语 / 管领范围将会构成另外一个篇章管界结构。

3.3.4 管界终止的描述

（7）But there is something different about tonight. There is something special about tonight. **What is different? What is special?**

[I, Barbara Jordan, am a keynote speaker. …]

Now—Now that I have this grand distinction, … (*Barbara Charline Jordan, 1976 Democratic National Convention Keynote Address, 1976*)

在例（7）中，两个问句提问的内容是相同的，都是“今晚有什么不同或者说特殊之处？”与下面的答语部分构成一个篇章管界结构。该管领范围止于斜体部分“*Now — Now that I have this grand distinction*”前，因为斜体部分通过表述“既然我有这么大的殊荣”明确地指出上一管界结构的管界已经终止。这是最有效的表示管界边界的一种手段（廖秋忠 1992: 111）。

3.3.5 罗列连接成分的出现

（8）**Now, what have I earned since I went into politics?** [Well, here it is. I' ve jotted it down. Let me read the notes. *First of all*, I' ve had my salary as a Congressman and as a Senator. *Second*, …

And then, fortunately, we' ve inherited a little money ...]Now, that was what we took in.(*Richard M. Nixon, Checkers, 1952*)

在例（8）中，粗体部分是一个由 what 引导的问句，与下面的答语构成了篇章管界结构，对答语 / 管领范围的判断手段此处主要表现为罗列连接成分“First of all”“Second”和“And then”的出现。

3.3.6 评论性内容的出现

（9）Well, let us turn now to the fundamental issue: **Why and how did the United States become involved in Vietnam in the first place?** [Fifteen

years ago North Vietnam, …]
Now many believe that President Johnson's decision to send American combat forces to South Vietnam was wrong. … (*Richard M. Nixon, The Great Silent Majority, 1969*)

在例（9）中，演讲人提出了一个问题，然后自己按照时间顺序对该问题进行了回答。显然，这一问答结构为篇章管界结构，问句是管领成分，而对答语 / 管领范围的判定则主要依靠评论性内容“Now many believe that …”的出现，说明了答语 / 管领范围在此句之前终止，下面是对上述话题的评述，引入了新的观点。

概而言之，要对英语政治演讲语篇中 EAP 结构中的答语 / 管领范围进行有效判断，应主要考虑话题是否发生了改变，同时还会伴有一些比较明显的判定手段。上述6种判定方式可以单独使用，而且有时也会出现多种方式同现于一个语篇之中的情况。如例（6）EAP 结构中答语的判定手段除了并用同类管领句的出现这一种外，还有描述管界终止句“Now, that's what we have.”的出现这种判定方式。例（8）中除了运用罗列连接成分的出现这一判断手段外，也可以根据“Now, that was what we took in.”这种直接描述管界终止的手段进行判定。

3.4 导入–详述功能的自问自答模式类型

由3.1节的讨论可知，具有导入–详述功能的问答结构应是 EAP 结构，因为这种结构可以满足上文话题完结、被解释–解释关系、语段主位和较强的启后力这四个前提条件。第二章已根据对语料的观察，总结了英语政治演讲语篇中问答结构的类型，详见表2.3。其中在语段层面出现的类型1至类型4问答结构的类型中，前三种都是由 EAP 疑问句与其答语构成的。下面对英语政治演讲语篇中具有导入–详述功能的自问自答模式的类型进行举例说明。

3.4.1　一问一答型

在英语政治演讲语篇中，EAP 疑问句是演讲人借助问答结构组织语篇时选用的主要表达形式之一。一般来讲，EAP 疑问句的答语部分均以陈述语气的形式出现，用来传递信息，常常表现为一问一答型自问自答模式，即演讲人提出一个问题，继而针对该问题给出一个或多个表陈述语气的语段组成的答语。由一个语段组成答语的一问一答型是最简单最基本的模式类型，答语一般只是一个句子。例如：

（10） **Did the nation own him anything?** [No, nothing then and nothing now.] **Why was he the hero?** [Simply because that man fell into that same human error-that this boy was great because he was an officer and these were only private soldiers.] (*Russell Conwell, Acres of Diamonds, Delivered over 5000 times at various times and places from 1900—1925*)

例（10）中的两个疑问句后面都跟有简单的答语，因而都属于问答结构中的 EAP 疑问句类型，而且各自后面跟的答语部分都非常简单，只有一个句子。这就是最简单最基本的由一个语段组成答语的一问一答型。而在英语政治演讲语篇中，最常被选用的模式类型是由多个语段组成答语的一问一答型模式。这种类型之所以最常被选用，主要是由政治演讲语篇的性质和特点决定的。政治演讲语篇要求有强互动性，因而作为问句形式的 EAP 疑问句自然是首选。另外，由于与政治密切相关，这类语篇不仅要有很强的逻辑性，还要有很强的鼓动性，EAP 结构也可以满足这一需求。演讲人在组织语篇时，如果用 EAP 疑问句开启一个新话题，就会“迫使”听众改变原先接受信息的状态并关注这一新话题，那么，为了达到鼓动听众的情绪的目的，促使听众接受或认可他针对该新话题给出的解释或观点，演讲人在组织答语部分时，就会非常重视这部分语篇的逻辑关系安排及表达的全面性、有效性。简言之，演讲人常选择的这种一问一答型自问自答模式组织语篇顺应了政治演讲语篇的性质和特点。如上文3.3节在讨论 EAP 疑问句的答语 / 管领范围的判定手段时所举的例（3）至例（9）中，EAP 疑问句后中括号部分都是由逻辑严谨的一个以上的句子共同组成的EAP疑问句的总的答语，因此，例（3）至例（9）中的EAP疑问句及其答语组成的自问自答模式类型为由多个语段组成答语的一问一答型。至于这种类型的自问自答模式中的答语部分是如何在EAP疑问句的影响下发展语篇的，即EAP结构的详述方式都有哪些，我们将在3.6节详细探讨。

3.4.2 以问作答型

在英语政治演讲语篇中，具有导入–详述功能的EAP疑问句与其答语构成的自问自答模式中还会出现以问作答型，即在提出一个EAP疑问句后，答语部分并不是以陈述句的方式出现，而是由多个将答语隐含在问句中的IAP结构[1]来充当该EAP疑问句的答语。IAP结构具有问句和断言的双重特征，既然这种结构"是假拟陈述（pseudo-statements），那么就可以用作真正的问句的答语"（Schmidt-Radefeldt 1977: 387）。这种类型的问句、答语都由问句体现，不仅体现了更强烈的互动性和对话性，同时，由于IAP结构中蕴含了演讲人更加强烈的情感，选用IAP结构充当EAP疑问句的答语，这种类型的自问自答模式就会对听话人原有的信息状态造成更加强烈的冲击，以促使听话人加强或改变原有的观念，从而更加容易接受演讲人传递的信息，跟随演讲人组织的语篇信息流的走向。倘若说问答结构并不是演讲语篇所独享的，它在新闻语篇、学术语篇等其他体裁中也会出现，那么，以问作答型这种以问句答问句的自问自答模式类型就是政治演讲语篇组篇时的一大特色。[2]例如：

（11）**Now, how important is this question of the deficit**? [Think about it practically: *What chance would the Republican candidate have had in 1980 if he had told the American people that he intended to pay for his so-called economic recovery with bankruptcies, unemployment, more homeless, more hungry, and the largest government debt known to*

[1] IAP结构的特点和组篇功能将在本书第四章重点详述。

[2] 本书讨论的是正常情况下的出现情况，当然并不否认在有些特殊情况下，在别的体裁中也偶尔会出现以问作答这种类型。

humankind? If he had told the voters in 1980 that truth, would American voters have signed the loan certificate for him on Election Day? Of course not! That was an election won under false pretenses. It was won with smoke and mirrors and illusions. And that' s the kind of recovery we have now as well.]

But what about foreign policy? They said that ... (*Mario Matthew Cuomo, 1984 Democratic National Convention Keynote Address, 1984*)

例（11）中的粗体部分是一个 EAP 疑问句，根据同类管领句，即另一个问句“But what about foreign policy?”的出现，我们将中括号内的语句判定为粗体 EAP 疑问句的答语 / 管领范围。演讲人针对他上文提到的财政赤字问题的重要性提出问题，然后用两个 IAP 结构进行回答，促进了语篇发展。显然，此处的 EAP 疑问句及其答语组成的自问自答模式类型为以问作答型。

3.4.3　多问一答型

在英语政治演讲语篇中，除了上面介绍的两种自问自答模式类型外，还会出现另外一种具有导入-详述功能的自问自答模式类型。这种自问自答模式类型也是由 EAP 疑问句和答语两部分组成，但不同的是，它由多个问句与一个答语构成，即多问一答型。演讲人在选用这种类型组织语篇时，其有一个要提出的核心问题，或者说，他很明确地知道通过提出一系列的问题会导入一个什么样的新话题，因而这一系列的问句之间是相关的。它们之间可能是递进关系，最后一个问题是核心问题，那么答语就是针对最后一个问题所做的回答；也有可能是解说关系，第一个问题是核心问题，那么答语就是针对第一个问题所做的回答；还有可能是并列关系，演讲人从不同的角度对同一个隐含的核心问题进行阐释，那么答语就是针对所有的问题所做的回答。其实，不管这一系列问句之间是什么关系，既然它们都是演讲人为了导入一个新话题而服务的，那么答语部分实际上已经对所有问题进行了直接或间接的回答。例如：

（12）There is something special about tonight. **What is different? What is**

special?

[I, Barbara Jordan, am a keynote speaker … But tonight, here I am. And I feel—I feel that not with standing the past that my presence here is one additional bit of evidence that the American Dream need not forever be deferred.]

Now—Now that I have this grand distinction, what in the world am I supposed to say? (*Barbara Charline Jordan, 1976 Democratic National Convention Keynote Address, 1976*)

（13）… and there are some that will say, “Well, maybe you were able, Senator, to fake this thing. **How can we believe what you say? After all, is there a possibility that maybe you got some sums in cash? Is there a possibility that you may have feathered your own nest**?”

[And so now, what I am going to do—and incidentally this is unprecedented in the history of American politics—I am going at this time to give to this television and radio audio—audience, a complete financial history, everything I' ve earned, everything I' ve spent, everything I own …]

It isn' t easy to come before a nationwide audience and bare your life, as I' ve done. (*Richard Nixon, Checkers, 1952*)

在例（12）和例（13）中，粗体部分分别是各自问答语段中的 EAP 疑问句，都是由一系列的问句组成的。以语义是否改变为主要判定方式，例（12）中又结合总结用语“Now that I have this grand distinction”和同类管领句“what in the world am I supposed to say?”这两种明显的判定手段，其答语应止于“Now that I have this grand distinction”之前，由中括号中的内容表示。而例（13）中结合总结话语“as I' ve done”的出现，例中的 EAP 疑问句的答语应止于“It isn' t easy to … , as I' ve done.”之前，即中括号表示的部分。例（12）中的两个 EAP 疑问句之间是并列关系，different 和 special 在此表达的意思类似，都是有关“这次会议的不同或特殊之处”这一话题，答语是针对这两个问句的回答。例（13）中的三个疑问句之间则是解说关系，后面两个一般疑问句是对第一个特殊疑问句的具体化，因而讲话人意欲引出的是“听众该如何相信讲话人的言辞”这一话题，答语是针对问句“How can we believe what you say?”的回答。鉴于后面两个疑问句只是第一个疑问句提问内容的具体化，例（13）中的答语部分除了直接回答了它所针对的问题即第一个疑问句外，也对后面两个问句进行了间接的回复。

3.5　导入–详述功能的实现方式——导入方式

由3.1至3.4节可知，在英语政治演讲语篇中，具有导入–详述功能的问答结构应为 EAP 结构。在 EAP 疑问句与其答语构成的语段中，演讲人选用问句导入一个新话题后，就要求下文语篇即其答语对它进行详细阐述，从而发展语篇，推动语篇信息流按照演讲人的意愿向前发展。要探讨英语政治演讲语篇中 EAP 结构是如何发挥导入–详述功能的，应该从两个方面进行，即该结构的导入方式和该结构的详述方式。本节主要关注该结构的导入方式，也就是说，EAP 疑问句是以什么方式承接上文语篇，从而导入一个新话题的。

序列性（Sequentiality）和构建性（Constructivity）都是语篇的基本原则（van Dijk 1997: 30），二者是互为补充的。线性序列是语篇的基本组织原则，语篇的结构单位（structural units）是以上文单位为基础不断发展，最终形成整个语篇的。此外，语篇还具有构建性。也就是说，从语义功能上讲，语篇的组成单位（constitutive units）可以用作更大的组成单位的成分，这样就构建了层级结构。那么，具体到 EAP 疑问句导入新话题的方式而言，既可以表现为语篇线性结构中直接承接上文语句内容的方式，也可以表现为语篇层级结构中承接上文同一层级或更高层级话题的方式。

3.5.1　直接承接

直接承接是将语篇看作一个线性序列组织时的承接方式。具体到英语政治演讲语篇中的 EAP 结构，直接承接是指 EAP 疑问句导入的新话题是直接顺应上文相邻语句的内容出现的。根据与上文语句间小句关系的不同，直接承接方式主要可细分为补充说明关系承接和时间顺序关系承接。

3.5.1.1 补充说明关系承接

所谓补充说明关系承接，就是指在英语政治演讲语篇中，EAP疑问句的预设内容是上文相邻语句所传递的信息，而导入的话题，即问句焦点，则是对上文相邻语句所述内容的某一个方面进行补充说明。问句焦点通常是与上文语境信息相关的“内容”“原因”“方式”三个方面，分别体现为what、why和how引导的EAP疑问句，包括其隐含的特殊疑问句也是由这三个词引导的EAP一般疑问句。这是因为人们不仅有提问问题的本能，而且提问时所关注的方面也大体相同，主要为内容（什么）、原因（为什么）及方式（怎样）。在Paul总结出的6种29个苏格拉底式问题中，一般疑问句占4个，其余均是由what、why和how引导的特殊疑问句。也有学者指出，why、what及how疑问句组成了心理学研究的核心问题（Cash 2013: 8）。英语政治演讲语篇更是如此，这类语篇是一种说服性语篇，是演讲人通过猜测并回答听众可能会提出的问题的方式组织起来的。演讲人运用EAP疑问句导入的话题以what、why和how充当问句焦点，从而可以告知听众一些重要的信息内容及以他本人或他人主张和行事的原因、方式等。这样才能真正地回答听众的疑问，满足他们的需求，进而实现演讲目标。例如：

（14）But there is something different about tonight. There is something special about tonight. **What is different? What is special?**

I, Barbara Jordan, am a keynote speaker.

When—a lot of years passed since 1832, and during that time it would have been most unusual for any national political party to ask a Barbara Jordan to deliver a keynote address. But tonight, here I am. And I feel—I feel that notwithstanding the past that my presence here is one additional bit of evidence that the American Dream need not forever be deferred. (*Barbara Charline Jordan, 1976 Democratic National Convention Keynote Address, 1976*)

在例（14）中，粗体部分是两个由what引导的问句，下面内容为其答语，因而这两部分共同构成了一个 EAP 结构。那么这个结构中的 EAP 疑问句是如何导入一个新话题的呢？演讲人先指出“今晚有一些不同之处，今晚有一些特殊之处”。紧接着，演讲人选用 EAP 疑问句“What is different? What is special?”直接顺应上文相邻语句的内容导入一个小话题“有什么不同之处，有什么特殊之处”，从而与听众进行了显性互动和对话，引起听众对下文内容的兴趣，因为下文将会解答他们的疑惑。该问句的预设内容就是上文语句传递的信息“there is something different about tonight. There is something special about tonight”。并且，以 what 为疑问词，该问句的焦点为“内容（什么）”，也就是上文所提到的不同、特殊之处究竟是什么，从而通过导入的话题补充说明了上文语句所提到的不同、特殊之处的具体内容。以这种方式承接上文语篇可以及时通过问句形式反映听众对演讲人所述内容的疑惑，并通过答语向听众传递相关信息从而为其解惑，使语篇能自然流畅地向前发展。再如：

（15）And 1964 looks like it might be the year of the ballot or the bullet. **Why does it look like it might be the year of the ballot or the bullet?** Because Negroes have listened to the trickery and the lies and the false promises of the white man now for too long, and they' re fed up. They' ve become disenchanted. They' ve become disillusioned ... (*Malcolm X, The Ballot or the Bullet, 1984*)

在例（15）中，粗体部分与下文答语构成了一个 EAP 结构，粗体部分是由 why 引导的 EAP 疑问句。该问语所导入的新话题为“为什么这一年不是选举之年就是子弹之年”，下文答语部分对其进行详细阐述。那么，此处的话题又是如何导入的呢？演讲人先向听众传递一则信息，即“1964年不是选举之年就是子弹之年”。显然，这是演讲人提出的个人观点。要想说服听众接受他这一观点，演讲人自然要针对他提出的这一观点进行补充说明，给出他这一论断的理由。故此，演讲人紧接着顺应这一则信息选用了一个 EAP 疑问句“Why does it look like it might be the year of the ballot or the bullet?”导入了新话题，与听众进行互动和对话，提醒听众关注下文信息。这一 EAP 疑问句的预设内容正是上文相邻语句传递的信息“1964 looks like it might be the year of the ballot or the bullet”。并且，这一问句中的问句焦点为疑问词 why（原因），即为什么演讲人会提出上文的观点，从而补充说明了演讲人提出上文所述观点的原因。这样，通过 EAP 疑问句导入的话题及答语部分对导入话题的阐述，演讲人解释了他为什么会提出这一观点，回答了听众针对这一论断的疑惑，推动了语篇的顺利发展。

在例（14）和例（15）中，EAP 疑问句以补充说明关系直接承接上文语篇时，其预设内容与上文相邻语句在语义内容和表达形式两方面都是一致的。然而，有时 EAP 疑问句的预设内容是隐含在上文信息之中的。例如：

（16）The Republican platform promises that some measure of self-government is to be given the Filipinos by law; but even this pledge is not fulfilled. Nearly sixteen months elapsed after the ratification of the treaty before the adjournment of congress last June and yet no law was passed dealing with the Philippine situation. The will of the president has been the only law in the Philippine islands wherever the American authority extends. **Why does the Republican party hesitate to legislate upon the Philippine question?** Because a law would disclose the radical departure from history and precedent contemplated by those who control the Republican party ... (*William Bryan, Imperialism, 1900*)

在例（16）中，粗体部分是一个 EAP 疑问句，导入新话题“为什么共和党在菲律宾问题上立法时犹豫不决”，下文是对这一话题的详述。那么，演讲人是如何运用这一 EAP 疑问句导入话题的呢？演讲人先描述了共和党人针对这一问题的做法，即共和党承诺通过法律给予菲律宾一定程度的自治，但历时16个月后并没有兑现。虽然措辞中并没有直接表明，但这些话语传递的信息为“the Republican party hesitates to legislate upon the Philippine question”。而针对此处所传递的信息，听众自然会有疑惑——共和党为什么要这样做。因此，以这一隐含的内容为预设，演讲人选用一个 EAP 疑问句“Why does the Republican party hesitate to legislate upon the Philippine question?”与听众展开了显性互动和对话，提示听众下文将要为他们解惑。问句以 why 为提问焦点导入了新话题，即为什么共和党在菲律宾问题上立法时犹豫不决，从而补充说明了导致上文所述现象的原因。简言之，虽然此处 EAP 疑问句的预设内容并没有像例（14）和例（15）那样与上文措辞保持一致，但是与上文所传递的信息内容是一致的，它仍然是以补充说明的直接承接方式导入了一个新话题，以推动语篇信息的向前发展。

3.5.1.2 时间顺序关系承接

所谓时间顺序（time sequence）[1] 关系承接，就是指在英语政治演讲语篇中，EAP 疑问句导入的话题与上文相邻语句所传递的信息之间存在着时间上的承接关系，即 EAP 疑问句是以上文信息在时间上先出现为前提才导入一个新话题的。例如：

（17）… And because these Negroes, who have been misled, misguided, are breaking their necks to take their money and spend it with the Man, the Man is becoming richer and richer, and you' re becoming poorer and poorer. **And then what happens?** The community in which you live becomes a slum. It becomes a ghetto. The conditions become rundown. And then you have the audacity to complain about poor housing in a rundown community, … (*Malcolm X, The Ballot or the Bullet, 1964*)

在例（17）中，演讲人先指出，由于被误导，黑人们将自己辛苦挣的钱花到白人的身上，使白人越来越富有，而黑人自己却越来越穷。紧接着，演讲人在此基础上选用一个疑问句“And then what happens?”承接上文信息，与听众进行显性对话和互动的同时，提醒听众关注此问句导入的话题，即“接下来发生什么情况”。（杜娟 2016: 103）这一问句与其下文内容之间体现为问答关系，因而构成了一个 EAP 结构，其中 EAP 疑问句导入的新话题与上文信息之间存在时间上的继承关系。也就是说，先出现了上文信息，而后才以此

[1] 本章讨论的各种组织方式中，诸如“时间顺序（time sequence）关系”这种同时给出中文、英文命名方式的术语均来源于 Hoey（1983, 2001）及 Winter（1977, 1994）等对小句关系的命名。后文章节亦如此。

为前提导入“接下来发生什么情况”的话题并通过答语对此话题进行详细阐述，告知听众这样做导致的后果，从而确保了语篇信息的顺利传递。再如：

（18）... I am going at this time to give to this television and radio audio—audience, a complete financial history, everything I' ve earned, everything I' ve spent, everything I own. And I want you to know the facts.

I' ll have to start early. I was born in 1913 … Well that' s where we start, when I go into politics.

Now, what have I earned since I went into politics? Well, here it is. I' ve jotted it down. Let me read the notes. First of all, …(*Richard Nixon, Checkers, 1952*)

显然，例（18）中粗体部分与下文语篇之间为问答关系，构成一个 EAP 结构。在例（18）中，为了证明自己的清白，演讲人指出接下来会将自己的财政状况一一讲给听众。他首先简单介绍了个人经历，从出生开始直到从政，并通过“Well that' s where we start, when I go into politics.”点明下面将进入主要内容。以此为前提，演讲人选用一个疑问句“Now, what have I earned since I went into politics?”承接上文语篇，体现演讲人与听众之间的显性互动和对话[1]，并通过导入的新话题“自从我从政以来我都有哪些收入”再一次提醒听众关注下文要讨论的内容。此处的 EAP 疑问句是直接顺应上文相邻语句的内容出现的，并且与上文语句之间存在时间上的继承关系，先有演讲人将个人经历叙述到开始从政，才有接下来通过 EAP 疑问句导入“从政之后都有哪些经济来源”的话题以及答语对该话题的详述。可以说，上文信息为 EAP 疑问句的出现提供了前提条件。

总而言之，这种时间顺序关系承接方式不仅可以体现此类语篇的强互动性和强对话性，并激起听众对下文内容的兴趣和关注，而且还因与上文有时间上的继承关系使 EAP 疑问句的出现和新话题的导入显得很自然，易于听众接受语篇所传递的信息。

[1] 以上对例（18）的分析在前期成果中已刊发，详见杜娟（2016: 103）。

3.5.2 层级间承接

一般来讲，语篇除了可以看作一个线性序列组织外，也是一个层级结构组织。也就是说，语篇由不同层面的话题组成，其中一个话题为语篇的中心主题，语篇中各个小话题都是围绕着这个中心主题而展开的。而且，与中心主题的相关程度不同，各个小话题所处的语篇层面也不同。层级间承接是指语篇层级结构中某一话题承接上文同一层级或更高层级话题的方式。在英语政治演讲语篇中，EAP 结构不仅可以体现语篇的互动性和对话性，而且，它的独立性比较强，可以通过 EAP 疑问句导入新话题、答语详述该话题的方式完成对某一话题的阐释。这样，EAP 结构可以不必与上文相邻语句间存在紧密的联系，而通过承接上文同一层级或更高层级话题的方式导入一个新话题。一般来讲，EAP 结构承接更高层级话题的方式比较单一，因为它的存在就是为了服务于更高层级的话题，对其进行解释说明，从而一层一层地构建起整个语篇。这种导入方式或话题承接方式可称为解释说明关系承接。EAP 结构承接上文同一层级的方式与直接承接的方式应大致相同，这是因为小句与小句之间的关系同样适用于语段与语段之间或更高层面之间（Hoey 1983: 17, 2001: 56）。鉴于 EAP 疑问句导入的话题是与同一层面的上文话题发生一定的承接关系，而不是直接顺应上文相邻语句，因而 EAP 疑问句通过时间顺序关系承接上文话题的情况并不多见，最为常见的是补充说明关系承接和转折关系承接。补充说明关系承接能够相对平和地顺应听众接受新信息的方式且体现语篇的强逻辑性，而转折关系承接则以相对激烈的方式转变上文话题的信息流向，强调和突出 EAP 疑问句导入的新话题。

3.5.2.1 解释说明关系承接

每一个英语政治演讲语篇都有一个演讲主题，演讲人通过论证处于不同层级的小话题来一层一层地论证该主题。因此，层级间的话题表现为解释说明关系，即低一层级的话题是对高一层级话题的解释和说明。正如 Giora（1985: 710）所言，“拥有不同话题的语段想要达到相关性的需求，它们必须都与一个潜在的超语篇话题相关；它们需被解读为围绕一个超主位展开，而这一超主位正是整个语篇实际关涉的核心”。EAP 结构本身就可以导入一个话题并对该话题进行详述，它是一个完整的论证结构。所以，在组建英语政治演讲语篇时，EAP 疑问句导入的话题可以用于对上一层级话题的论证。换句话说，EAP 疑问句可以通过解释说明的方式导入新话题，从而承接上一层级话题，推动语篇信息的发展。例如：

（19）...Take all the action that's going on this earth right now that he's involved in. Tell me where he's winning — nowhere.
Why some rice farmers—some rice farmers—some rice eaters ran him out of Korea? Yes, they ran him out of Korea ... Why? 'Cause the day that he can win on the ground has passed.
Up in French Indo-China ...
The same thing happened in Algeria, in Africa. They didn't have anything but a rifle ... (*Malcolm X, The Ballot or the Bullet, 1964*)

在例（19）中，演讲人提纲挈领地指出，白人在各个地方的武装行动没有取得一次胜利。这是这一语篇所要讨论的话题。接着，演讲人选用一个 EAP 疑问句“Why some rice farmers—some rice farmers—some rice eaters ran him out of Korea?”又导入一个小话题，即“为什么农民把白人赶出了朝鲜”，并指出原因是白人能取得武装行动胜利的日子已经一去不复返了。显然，这一小话题是承接着比它高一层级的话题，即这一语篇讨论的话题出现的，是对这一语篇话题的举例说明。下文与 EAP 疑问句导入的小话题属于同一层级的两个小话题，即法属印度支那和阿尔及利亚两个地方有白人参与的武装冲突情况，也充分证明了这一点。这三个小话题都是用于解释说明比它们高一层级的语篇话题的。

3.5.2.2 层级间补充说明关系承接

层级间补充说明关系承接与3.5.1.1节的补充说明关系承接方式相似，只是这种承接方式是发生在语段层面的，是不同语段之间的话题承接。具体来讲，层级间补充说明关系承接就是指在英语政治演讲语篇中，EAP 疑问句是承接上文同一层级的话题导入新话题的，并且新导入的话题是对所承接话题某一方面的补充或进一步说明。如同直接承接中的补充说明关系承接一样，层级间补充说明型承接也是演讲人在运用EAP疑问句导入话题时常常选用的一种方式。这是因为，这种方式可以使处于同一层面的话题之间逻辑语义关系更加密切。并且，EAP疑问句以刚刚传递的信息为预设或预设的一部分，与听众互动和对话的同时，更易于听众接受先前传递的信息并将注意力集中在问句焦点上。另外，处于同一层级的话题是共同服务于或论证上一层级话题的，EAP疑问句以补充说明的方式承接上文，它们之间的强逻辑性自然可以增强上一层级话题的论证充分性。例如：

（20）The purpose of my remarks tonight is to focus your attention on this little group of men who not only enjoy a right of instant rebuttal to every Presidential address, but, more importantly, wield a free hand in selecting, presenting, and interpreting the great issues in our nation.

First, let' s define that power.

At least 40 million Americans every night, it' s estimated, watch the network news …

Now how is this network news determined? A small group of men, numbering perhaps no more than a dozen anchormen, commentators, and executive producers, settle upon the 20 minutes or so of film and commentary that' s to reach the public …

Now what do Americans know of the men who wield this power? Of the men who produce and direct the network news, the nation knows practically nothing … (*Spiro Agnew, Television News Coverage, 1969*)

在例（20）中，演讲人先声明，他的演讲目的是想要听众关注一小部分人，他们不仅喜欢对每一位总统的演讲予以反驳，而且还拥有选择、展示和诠释国家重大事件的权利。接下来，演讲人用大量的篇幅对这一话题进行了详细阐述。阐述内容由三个小话题组成。首先描述电视新闻的影响力，以“let' s define that power.”为第一个小话题的语段主位。然后，在第一个小话题对电视新闻的影响力定义之后，演讲人选用一个 EAP 疑问句 “Now how is this network news determined?” 承接了第一个小话题，其预设内容之一为 “there is the network news like what is mentioned in the above text”，即以上文第一个小话题为预设。并且，该 EAP 疑问句导入的小话题 “上文所述的（影响力巨大的）电视新闻是由什么来确定的” 是对上文小话题的进一步说明，即电视新闻的确定因素。在对第二个小话题阐释之后，演讲人又选用一个 EAP 疑问句 “Now what do Americans know of the men who wield this power?” 导入第三个小话题，与听众继续互动和对话。这一个 EAP 疑问句是在承接上一个 EAP 疑问句导入的小话题即第二个小话题的基础上出现的，其预设内容之一为 “there are the men who wield this power”，这也是第二个小话题传递的信息。同时，这个 EAP 疑问句导入的小话题 “美国人对行使这种力量的那些人知道多少” 是对第二个小话题讨论内容的补充说明，即人们对那些掌控电视新闻的人的了解程度。由分析可知，两个 EAP 疑问句所导入的两个小话题与第一个小话题之间逻辑语义关系非常密切，第二个 EAP 疑问句以第一个 EAP 疑问句导入的小话题为预设，第一个 EAP 疑问句则以第一个小话题为预设，同时又分别是对各自上一个小话题的补充和进一步说明。另外，这三个小话题又共同服务于比它们高一层级的话题，即演讲人在该语篇开始提到的话题。总而言之，EAP 疑问句以这种方式导入话题，不仅体现了语篇的强互动性和强对话性，而且也使语篇显得组织有序、逻辑性很强。

3.5.2.3 转折关系承接

所谓转折关系承接，是指在英语政治演讲语篇中，EAP 疑问句导入的话题与上文同一层级所讨论的内容是相反或相对的，即该问句导入的话题不是顺着前面话题的内容说下去，而是忽然转成同前面话题的内容相反或相对的内容。在这种转折关系中，问句导入的话题是演讲人所要表达和强调的信息。之所以常常选用 EAP 疑问句以这种承接方式导入话题，是因为，一方面 EAP 疑问句可以加强与听众的互动和对话，使信息的传播在接收方也能保持通畅；另一方面，为了使听众能够信服并支持自己的政治主张和观点，演讲人一般都会在演讲过程中举例说明一些不好的现象或行为，那么，通过这种相对激烈的方式转变上文话题的信息流向，可以将听众的注意力转到 EAP 疑问句导入的与上文内容相反或相对的话题上，自然使听众对 EAP 疑问句导入的话题更加关注。例如：

（21）Many voices are heard as we face a great decision. Comfort says,"Tarry a while."Opportunism says,"This is a good spot."Timidity asks,"How difficult is the road ahead?"

…

Let us ask again: **Have we reached the goal of our vision of that fourth day of March 1933? Have we found our happy valley?**

…

If I know aught of the spirit and purpose of our Nation, we will not listen to Comfort, Opportunism, and Timidity. We will carry on. (*Franklin D. Roosevelt, Second Inaugural Address, 1937*)

在例（21）中，演讲人指出，当我们要作出一个重大的抉择时，享乐主义、机会主义和逃跑主义等思想就会来侵袭我们，而且我们极易受到它们的干扰，作出不正确的决定。在此情况下，演讲人选用了两个 EAP 疑问句 “Have we reached the goal of our vision of that fourth day of March 1933? Have we found our happy valley?” 与听众进行显性互动和对话，并导入了新话题“我们是否已经达到了1933年3月4日的愿景目标？我们是否已经找到了我们的欢乐谷？”由两个 EAP 疑问句导入的这个新话题是与上文的话题内容相对的。上文内容指出，“我们”极易受到享乐主义、机会主义和逃跑主义等的影响而在前进的道路上停滞不前，而 EAP 疑问句导入的新话题及答语部分的详述则指出，“我们”并没有达到1933年3月4日的愿景目标，并没有找到欢乐谷，因此不应该受享乐主义、机会主义和逃跑主义等的影响，要继续前进。以转折的方式承接上文话题，不仅体现了政治演讲语篇的强逻辑性，而且也可以强调和突出 EAP 疑问句导入的新话题，因为当语篇中两个话题之间为转折关系时，第二个话题才是他所要表达和强调的信息。此外，这种承接方式可以使原本平稳的信息流向突然转变，使听众，尤其是受享乐主义、机会主义和逃跑主义影响较大的听众，对新导入的话题更加关注。由分析可知，EAP 疑问句以转折关系承接方式导入话题可以满足英语政治演讲语篇对强互动性、强对话性和强逻辑性的需求，同时还能强调和突出演讲人意欲传递的信息。因此，在这类语篇中，转折关系承接方式也是EAP疑问句导入话题的主要方式之一。

3.6 导入–详述功能的实现方式——详述方式

3.5节讨论了具有导入–详述功能的EAP结构的导入方式，即它是以何种方式承接上文语篇的。本节将重点探讨在EAP疑问句的作用下，其答语部分是以什么方式展开从而对该疑问句进行解释的。

第二章已经指出，EAP疑问句与下文语篇即它的答语部分的语义关系更为密切，答语的详述方式是演讲人采取启后性策略组织语篇的具体体现。演讲人通过EAP疑问句导入想要讨论的话题，问句尤其是疑问焦点[1]的出现引起听众对下文语篇内容也就是答语部分的关注。由于EAP疑问句导入话题之后不再受上文信息太多的限制，演讲人组织语篇时的自由空间更大一些，可以比较随意地选取发展下文语篇即答语的方式，既可以从Winter指出的逻辑序列关系中选取，也可以从配比关系中作出选择。但随意性还是有一定限度的，演讲人需要将政治演讲的目标和特点考虑在内，既要选取易于听众接收和接受信息的语篇展开方式，也要体现语篇的强互动性、强对话性和强逻辑性，若在条件允许的情况下能以既否定他人又提升自我的方式传递信息则更好。据此，在若干种组织语篇的方式中，演讲人常用一般–个别型、否定–修正型、列举型、提问–推论型、对比型和时间顺序型等方式。

3.6.1 一般–个别型组织方式

一般–个别（general-particular）关系是一种重要的小句配比关系（Hoey 1983, 2001）。它强调的是语篇中小句与小句之间、小句与语段之间、语段与语段之间等有一方更抽象、更概括，另一方则相对更具体，是对抽象或总括

---

[1] EAP疑问句有EAP特殊疑问句和EAP一般疑问句两种，而绝大部分的EAP一般疑问句是Kiefer（1980）称为的焦点问句，该一般疑问句的答语其实是对其背后隐含的特殊疑问句的回答。此处所说的疑问焦点既包括特殊疑问句中的疑问词，也包括一般疑问句中的隐性疑问词。

内容的阐释。在英语政治演讲语篇中，当演讲人选用EAP疑问句组织语篇信息流时，一般-个别型是EAP疑问句后面答语部分最为常用的展开方式，这可能与英语思维模式是柏拉图-亚里士多德式序列[1]（Platonic-Artistotelian sequence）即直线式（Kaplan 1966: 3）有关。一般-个别型组织方式具体表现为演讲人在回答EAP疑问句时，先用一个或多个句子总体表述答语部分要讲述的内容或方面，而后再通过列举、举例等分述的方式对该部分做具体阐释。根据对总体部分阐释的方式，这种组织方式可以具体分为以下两种：综述-详述型（preview-detail）和概括-例示型（generalization-example）。这两种组织方式在英语政治演讲语篇中都非常常见。

3.6.1.1　综述-详述型

在英语政治演讲语篇中，EAP疑问句后面的答语部分常常以综述-详述型的组织方式展开，其特点表现为：答语部分由P（即preview）和D（detail）两部分组成，并且这两部分可以投射为一个对话，P部分先用一个或多个句子总体表述答语部分要讲述的内容或方面，D部分则是用来体现演讲人回应听众的“请给我一些有关P的细节内容”或“请更加详细地阐述一下P”之类的需求。当然，P、D部分如果分别由多个句子组成，那么它们各自内部也是由一定的关系组织在一起的。例如：

（22）The President's deficit is a direct and dramatic repudiation of his promise in 1980 to balance the budget by 1983. **How large is it?** [The deficit is the largest in the history of the universe. It—President Carter's last budget had a deficit less than one-third of this deficit. It is a deficit that, according to the President's own fiscal adviser, may grow to as much 300 billion dollars a year for "as far as the eye can see."… It is a mortgage on our children's future that can be paid only in pain and that could bring this nation to its knees.]

[1] Kaplan认为，思维模式往往影响和反映语篇模式。英语思维模式为直线式（Linear），因而，英语段落的发展模式也是直线式，即先给主题句，再通过一系列的由举例、阐释等方式支撑的次级话题对该主题句进行论证和发展（Kaplan 1966: 4）。

> Now don't take my word for it—I'm a Democrat. Ask the Republican investment bankers ... (*Mario Matthew Cuomo, 1984 Democratic National Convention Keynote Address, 1984*)

例（22）中的EAP疑问句的答语部分为中括号内的内容，它是围绕着EAP疑问句导入的“总统的赤字到底有多大”这一话题展开的，下文出现的总结上文内容的词语now和my word也说明EAP疑问句的管领范围止于此前。在EAP疑问句与中括号答语部分构成的语段中，EAP疑问句“How large is it?”为语段主位，其预设内容“it (the President's deficit) is large”属于演讲人和听众共有的已知信息，how是EAP疑问句的焦点，预示着下文的信息将要围绕它而展开。中括号内的句子是语段述位，是以EAP疑问句尤其是它的焦点how为起始点而展开的，为听众提供的是相关新信息，即赤字到底有多大。通过对中括号内的语句的观察可以看出，答语可以分为两部分，“The deficit is the largest in the history of the universe.”相对于后面的各个句子而言，属于层次较高的主位，后面的句子都是围绕着它进行的举例说明，而且这两部分可以投射为一个对话。第一部分是总体地回答EAP疑问句，陈述答语部分要讲述的内容，即“这一赤字是人类有史以来最大的”。第二部分则是用以体现演讲人回应听众的“请给我一些有关你认为它是有史以来最大赤字的细节内容”或“请更加详细地阐述你的断言即它是有史以来最大赤字”之类的需求，通过与前任总统Carter赤字情况的对比、具体数字的罗列如“每年3000亿美元”等非常详细地阐释了这一赤字到底有多大，为什么它是有史以来最大的赤字。这样，演讲人通过选用EAP疑问句导入一个新话题，EAP疑问句为较高层次的语段主位，答语部分为其对应的语段述位。而该答语部分的第一句是比EAP疑问句低一级的语段主位（sub-hyper-Theme），而且，答语部分内部其他句子又是围绕着这一低一级的语段主位展开提供相关新信息的。这一点从deficit或代词it分别做以下各个小句的述位或主位可以看出。中括号内的最后一句话，即“It is a mortgage on our children's future that can be paid only in pain and that could bring this nation to its knees”（这是以我们孩子的将来做抵押，只能在痛苦中支付，而且极有可能使这个国家尊严扫地），是新信息累加到一定程度达到的信息峰点，是相对于中括号内的第一句话的语段新信息。也就是说，答语部分是以综述-详述的方式组织语篇的，使听众不仅对演讲人先传递的主要信息（即时任政府赤字情况很严重，是有史以来最大的）印象深刻，而且通过详述部分的证实更加强化了这一主要信息，演讲人也就达到了选用此 EAP 结构组织这个语篇的目的。

3.6.1.2　概括-例示型

在英语政治演讲语篇中，概括-例示型也是 EAP 结构的主要详述方式之一，其特点是答语部分由 G（generalization）和 E（example）两部分组成。这两部分也可以投射为一个对话，G 部分是答语的总述部分，E 部分则是用来论证或解释 G 部分的例子，可以体现演讲人用来回应听众的“给我举例说明”之类的需求。例如：

（23）The white man can never win another war on the ground. His days of war—victory—his days of battleground victory are over. **Can I prove it?** [Yes. Take all the action that' s going on this Earth right now that he' s involved in. Tell me where he' s winning—nowhere.

Why some rice farmers—some rice farmers—some rice eaters ran him out of Korea? Yes, they ran him out of Korea … Why? ' Cause the day that he can win on the ground has passed.

Up in French Indo-China, those little peasants, rice growers, took on the might of the French army and ran all the Frenchmen, you remember Dien Bien Phu!

The same thing happened in Algeria, in Africa ...]

So it' s the, it' s the ballot or the bullet … (*Malcolm X, The Ballot or the Bullet, 1964*)

在例（23）中，演讲人断言白人不可能再取得任何战争的胜利。演讲人假拟此处听众会问到他是否能证明他的观点，于是就选用了一个 EAP 一般疑问句，以自己为对象提问“Can I prove it?”，并紧接着给予了肯定答复 yes，但仅仅一个 yes 是不够的，因为“在现实生活中单纯的 yes/no 回答这种情况是极其有限的”，“yes/no 最常以前缀词（prefix）的身份用在具体解释的开端部分”（Sugai 2013: 30）。这种并不只是求证假设而是求取信息的一般疑问句常常被称为答语扩展型一般疑问句（over-answering yes-no questions）（Wahlster, *et al.* 1983）、焦点问句（focus questions）（Kiefer 1980）等，它的主要特征表现为一般疑问句的表象下还隐含着一个特殊疑问句，问话人需要听话人针对隐含的特殊疑问句给予回答。这种一般疑问句的特征使得它经常是演讲人在选用问答结构组织语篇时的一个备选项，因为在有些场景下，尤其是演讲气氛不是很严肃的情况下，演讲人与听众互动时比较倾向于选用 EAP 一般疑问句，利用它语义结构比特殊疑问句简单、携带的信息量比特殊疑问句大且提问的内容更具体（Kiefer 1980）的特点向听众传递有关该问句的更加详细的信息，从而推动语篇信息流的发展。这也正是演讲人在组织例（23）语篇时用“Can I prove it?”这一 EAP 疑问句组织语篇的原因所在——EAP 一般疑问句的提出并非测试演讲人提供证据的能力，因为如果他不能证明，他就不会提出这个问题。演讲人提出这一个 EAP 一般疑问句的主要意图就是要通过回答一般疑问句表象下隐含的特殊疑问句“How can I prove it?”（我是怎样得出这一论断的?），向听众传递有关这一新话题的信息，使听众更加信服他的观点。（杜娟 2015b: 47）

基于 EAP 一般疑问句的这些特征，我们可以认为，在英语政治演讲语篇中，EAP 一般疑问句答语部分的界定应该以演讲人提问的意图或根本的提问动因为准，无论其后面有无肯定或否定回答，只要是语义上与该 EAP 一般疑问句的提问内容关系紧密，如能够体现答语极性（肯定、否定或中性）的解释性话语，或针对 EAP 一般疑问句背后隐含的特殊疑问句的回答，都应当作一般疑问句的答语部分。因此，以话题是否改变为主要依据，根据总结性代词 so 这一明显的判断手段，例（23）中粗体 EAP 一般疑问句的答语 / 管领范围为代词 so 之前中括号内的语句[1]。也就是说，粗体 EAP 疑问句与中括号内的答语部分的内容在语义上最为密切，共同构建一个语段，其中 EAP 一般疑问句是这个语段中的语段主位，并且在具体语境中它的隐含预设被激活，即“I

[1] 虽然粗体 EAP 一般疑问句的答语中还包含了一个由 why 引导的 EAP 特殊疑问句及其省略形式，由于此处是以粗体 EAP 一般疑问句为例进行的讨论，故不进行分析。

can prove it”，隐含特殊疑问句中的how则是演讲人想要听众关注的焦点。答语部分是语段述位，以EAP一般疑问句的隐含焦点how为起始点展开，为听众提供相关新信息。而且，答语部分仍然可以细分为两个部分并投射为一个对话。前一部分是概括性的内容，从Yes到nowhere，相当于比EAP疑问句次一级的语段主位，概括性地指出：白人在各个地方的武装行动没有取得一次胜利。而这一次级语段主位中的“nowhere”也预示了更加次级的主位（sub-sub-hyper-Theme）的出现：“Why … out of Korea? … Up in French Indo-China …”及“The same thing happened in Algeria, in Africa …”。这些是演讲人用来回应听众的“给我举个（些）例子”之类的需求，演讲人分别以朝鲜、法属印度支那及阿尔及利亚三个地方有白人参与的武装冲突为例，发展次级话题即“白人在各个地方的武装行动没有一次胜利的”，同时与次级话题一起有效地发展了EAP疑问句提出的话题，证明了断言的可靠性。有效的例证应该是很有说服力的，因为它是靠事实说话。这也就是在英语政治演讲语篇中当选用一个EAP疑问句导入新话题后，常常用概括-例示型方式阐释新话题、推动语篇向前发展的原因。

3.6.2　否定-修正型组织方式

否定-修正型（denial-correction）是Winter（1994）论述的假设-真实（hypothetical-real）关系或Hoey（1983, 2001）论述的主张-反应（claim-response）关系中的一种情况。在Winter（1994）和Hoey（1983, 2001）看来，假设部分或主张部分的内容既可以被否认后给出修正的内容，也可以得到肯定后给出肯定的原因，Hoey（2001）将前一种情况称为主张-否定（claim-denial）关系，后一种称为主张-肯定（claim-affirmation）关系，并在讨论语篇模式时进行了阐释，如图3.3所示。

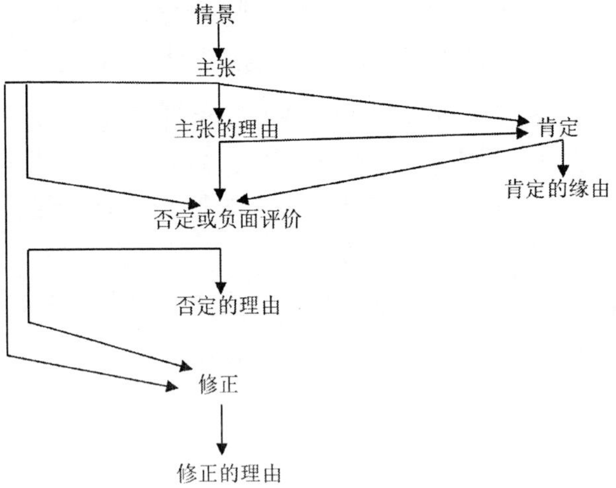

图3.3　主张-否定和主张-肯定模式的可选阶段（Hoey 2001：180）

Hoey（2001: 179-181）认为，图3.3反映了主张-反应模式中的基本的成分，成分没有必要或不必要之分，一个语篇可以包含或省略这些成分中的任何一个。也就是说，即便是主张部分也可以省略，该模式可以直接始于否定部分。据此，否定-修正型与主张-否定关系的内涵是相同的，只是二者强调的内容不同而已。顾名思义，否定-修正型主要强调的是语篇发展过程中否定（D，即 denial）和修正（C，即 correction）这两个部分。也就是说，先否定后修正，给出好的或正确的观点，而这一观点往往就是演讲人本人的立场和观点。这样，演讲人就巧妙地组织了语篇，传递的信息则更易于听众接受。在英语政治演讲语篇中，演讲人在运用 EAP 结构组织语篇时，否定-修正型是答语部分常常选择的一种展开方式。这是因为，演讲人通过否定其他并提出己见的方式更容易让听众信服，能够在否定其他观点、做法，或抨击他人观点的同时，更加衬托出自己观点的正确性与亲和力。而且，Thompson（2001）曾经指出，假设-真实关系是一种重要的交互资源，它可以体现语篇的互动性，因为这种关系中的假设部分需要假设内容的来源——一个被投射为拥有或支持某种信念的人，而这种信念又是被真实部分所反驳或证实的（Thompson 2001: 64）。那么，作为假设-真实关系中的一种，否定-修正型自然也可以体现语篇的互动性。这种组织方式还可以细分为两种：一种是在 EAP 疑问句的答语中首先介绍其他的观点、主张等，然后否定它们，并给出一个自己的更好的观点或主张，可以称为主张-否定-修正型；另一种为直接否定某一（些）观点，然后给出自己的观点，可以称为直接否定-修正型。

3.6.2.1 主张 - 否定 - 修正型

主张-否定-修正型是否定-修正型组织方式的典型用法，即先陈述其他观点或主张，而后予以否定，再给出个人观点。在英语政治演讲语篇中，演讲人在选用 EAP 疑问句后，常常以主张-否定-修正型的方式发展语篇。例如：

（24）Above all, I am here to uphold and protect the public interest.

Now what do we mean by "the public interest"? [Some say the public interest is merely what interests the public. I disagree. And so does your distinguished president, Governor Collins … In a recent speech he said, *Broadcasting to serve the public interest, must have a soul and a conscience, a burning desire to excel, as well as to sell; …*

I could not agree more with Governor Collins. And I would add that … the old complacent, unbalanced fare of action-adventure and situation comedies is simply not good enough.]

Your industry possesses the most powerful voice in America … (*Newton Minow, Television and the Public Interest, 1961*)

在例（24）中，演讲人指出要维护公众利益，但对公众利益的理解各有不同，因而就选用 EAP 疑问句 "Now what do we mean by 'the public interest'?" 导入一个新话题："我们认为的'公众利益'指的是什么？" 下面是针对这一话题的解释说明。该问句的管界范围即答语部分为中括号内的语句，止于句子 "Your industry possesses the most powerful voice in America …" 前。这是因为从这一句开始话题发生改变，已经不再讨论粗体 EAP 疑问句导入的话题"公众利益"的相关内容，而讨论其他内容。在 EAP 疑问句与其答语构成的语段中，问句为语段主位，问句预设内容 "we mean something by 'the public interest'" 为演讲人和听众共有的已知内容，what 是演讲人想要传递的焦点，是下文语篇展开的起始点。答语则是语段述位部分，是演讲人针对问句中的焦点 what 向听众传递的新信息。进一步讲，针对 EAP 疑问句导入的新话题，演讲人需要对“我们”对“公众利益”的理解作出明确的说明。此处，演讲人先陈述他人的观点“Some say ...”，即“公众利益就只是使公众感兴趣的东西或事情”。显然这一观点只是根据字面意义进行的解释，是不严谨的。演讲人紧接着就对他人的观点给予否定“I disagree. And so does your distinguished president, Governor Collins.”，并通过引用柯林斯州长所说的话及演讲人个人针对柯林斯州长所说的话的补充“In a recent speech he said, ... I could not agree more with Governor Collins. And I would add that ...”，修正了他人的观点，对公众利益的内涵做了详细的解释，在新信息不断累加的基础上达到了信息峰点：“the old complacent, unbalanced fare of action-adventure and situation comedies is simply not good enough”（一味迎合公众兴趣的动作冒险片和情景喜剧片并不够好，并非真正地为了公众的利益）。这也是答语部分的语段新信息，是演讲人提出粗体 EAP 疑问句的主要意图。从分析可以看出，在 EAP 疑问句的影响下，整个答语部分是按照主张–否定–修正型方式不断增加相关新信息从而推动语篇信息流达到一个信息峰点的，演讲人通过这种否定他人观点、提出己见的方式更容易让听众信服。并且，答语部分的主张–否定–修正型展开方式与 EAP 疑问句这两种交互资源在这一语篇中的共同使用，更加突显了该语篇的互动性。

3.6.2.2 直接否定–修正型

在英语政治演讲语篇中，直接否定–修正型也是演讲人用 EAP 疑问句展开语篇的一种常用方式。与否定–修正关系中的主张–否定–修正型相比，演讲人有时会将否定和否定的对象合为一体，直接将这两步同时进行，然后在此基础上提出修正后的个人观点。当 EAP 疑问句的答语部分以这种方式展开时，其否定部分内部之间往往是配比相容关系。例如：

（25）There are those who are asking the devotees of civil rights, **“When will you be satisfied?”** [We can never be satisfied as long as the Negro is the victim of the unspeakable horrors of police brutality. We can never be satisfied as long as … We cannot be satisfied as long as … We can never be satisfied as long as … We cannot be satisfied as long as … No, no, we are not satisfied, and we will not be satisfied until "justice rolls down like waters, and righteousness like a mighty stream."]

I am not unmindful that some of you have come here out of great trials and tribulations. (*Martin Luther King, Jr, I Have a Dream, 1963*)

在例（25）中，演讲人通过选用 EAP 疑问句"When will you be satisfied?"以他人口吻导入了话题"你们什么时候能满意"，然后通过组织答语展开语篇。该问句的管领范围即答语部分为中括号内的语句，止于"I am not unmindful that…"句子之前，之所以作出如此判断，是因为从"I am not unmindful that…"句子话题开始改变；另外，比较明显的判断手段为在中括号内同一句式"We can never be satisfied as long as…"的出现以及重复出现的关键词 never、satisfied 等。在 EAP 疑问句与答语构成的语段中，问句为语段主位，是起始点，其中"you will be satisfied"为问句预设内容，是演讲人假设他人在问话时问话人和听众达成共识的内容，即听话人将来某一时刻会达到满意状态，属已知信息，when 是提问的焦点，提示下文语篇将围绕 when 这一焦点展开，推动语篇信息流的发展。在 EAP 疑问句"你们什么时候能满意？"之后，答语部分各个小句的主位均为 we，以示对该问句中提问对象的对应，但它并不是直接肯定地回答问题，如指出在什么时候我们会满意，而是从其相反的方向出发，首先用一系列的"只要……我们就永远不会满意"的句子对"我们会满意"进行了否定，讨论了我们不会满意的各个条件——当有黑人受到不公平待遇的各种情况存在时。答语前一部分以否定方式不断提供新信息，然后，演讲人针对提出的问句给出了自己的观点，即直到到处充满了公正和正义时我们才会满意，从而使不断累积的新信息达到了信息峰点。所以，例（25）中 EAP 疑问句后面的答语部分是以直接否定-修正型方式发展的，而否定部分并列出现的五个"只要……我们就永远不会满意"的句子之间则是配比相容关系。并且，正如例（24）那样，在例（25）中，答语部分的直接否定-修正型展开方式与 EAP 疑问句这两种交互资源也是在语篇中共同使用，因此也更加突显了该语篇的互动性。

其实，除了这两种否定–修正型方式外，在英语政治演讲语篇中，当演讲人在EAP疑问句后以否定–修正型方式发展语篇时，有时候由于一些特殊的情况或语篇的需要，演讲人只提出并否定他人的观点，却不给出自己的观点，或者通过否定问句的预设自然得出答语。也就是说，修正的内容并未出现，演讲人通过否定部分就已经表明了自己的立场和观点，从而给听众更多的思考空间。例如：

（26）"**Why,**" my soldiers asked of me, "**surrender military advantages to an enemy in the field?**" [I could not answer.
Some may say: to avoid spread of the conflict into an all-out war with China; others, to avoid Soviet intervention. Neither explanation seems valid, for … Like a cobra, any new enemy will more likely strike whenever it feels that the relativity in military or other potential is in its favor on a world-wide basis.]
The tragedy of Korea is further heightened by the fact that its military action is confined to its territorial limits. (*General Douglas MacArthur, Farewell Address to Congress, 1951*)

在例（26）这一语篇中，演讲人先借他人（此处为一个士兵）的口吻提出了一个问句"为什么将战场上的军事优势拱手让给敌人"，从而引出了这个新话题，下面是针对这一问句的回答。中括号内的语句为粗体EAP疑问句的管领范围，因为中括号后面的内容"The tragedy of Korea is further heightened by …"讨论的是引起朝鲜悲剧进一步加剧的一个原因，已经不再是该问句导入的话题。在EAP疑问句与其答语部分构成的问答结构中，问句为语段主位，是下面语篇发展的起始点，其中疑问句的预设内容即"We surrendered military advantages to an enemy in the field."（我们将战场上的军事优势拱手让给了敌人。）是演讲人和听众的共有信息，属已知信息，问句中的why是演讲人提问和听众关注的焦点，答语部分为语段述位部分，围绕着问句提出来的话题而展开，为听众提供有关why这一问句焦点的新信息。在语篇发展的过程中，演讲人先指出自己无法回答，再给出一些人的回答"Some may say …"，如为了避免与中国的冲突升级，或为了避免苏联的干预等。紧接着，演讲人对这些人的回答予以否定，指出“Neither explanation seems valid”，即这些理由都是站不住脚的，并通过以眼镜蛇作比给出了站不住脚的原因。但与上面例（24）和例（25）不同的是，在否定了他人观点之后，演讲人只是指出他人观点为何不对，但并未明确地给出自己的修正方案，只是在给出和否定他人观点之前就明确告诉听众“I could not answer.”。其实，通过否定他人观点，演讲人已经隐性地向听众传递了自己的观点，即他对战争中一些人对中国持有安抚、绥靖的观点是不赞同的，当时将战场上的军事优势拱手让给敌人本身就是不对的，自然无须也没有任何理由可以解释士兵所提出的问题。同时，通过这种陈述并否定他人观点的语篇展开方式，演讲人也表达了自己面对当时情况的无奈之情。可见，演讲人此处提出 EAP 疑问句，并只以否定他人观点的方式发展语篇，仍然可以达到否定-修正型方式的组篇效果，将提出 EAP 疑问句想要传递的语篇信息或显性或隐性地全部呈现给听众。

3.6.3 列举型组织方式

列举是思维活动的一种表现形式，也是人们表达观点时经常使用的方法。这可称为列举法。所谓列举法，就是通过罗列一系列的论据对提出的论点或话题做比较全面的陈述或解释，从而使论点和陈述内容都变得更加直观。在英语政治演讲语篇中，列举型也是演讲人运用 EAP 结构组织语篇时常常选用的方式之一，即 EAP 疑问句后的答语部分针对所提出的问题直接分几个方面进行阐述，阐述过程中常常会出现诸如 first、second 之类的序数词或词组，或者是有明确地表示不同方面的标记语。这种组织语篇的方式具有侧重事实、力求全面的特点，可以很好地体现政治类演讲语篇的严谨性，从而更易于听众接受所传递的语篇信息。例如：

（27）**Now, what have I earned since I went into politics?** [Well, here it is. I' ve jotted it down. Let me read the notes. *First of all*, I' ve had my salary as a Congressman and as a Senator. *Second,* I have received a total in this past six years of 1600 dollars from estates which were in my law firm at the time that I severed my connection with it. *And,* …
And then, fortunately, we' ve inherited a little money …] Now, that was

what we took in. What did we do with this money? (*Richard Nixon, Checkers, 1952*)

在例（27）中，粗体部分“Now, what have I earned since I went into politics?”是一个EAP疑问句，导入的话题为“自从我从政以来都有哪些经济来源”，以此话题为重要的判断依据，根据明显的总结语“Now, that was what we took in.”的出现以及同类管领句“What did we do with this money?”的出现两种判定手段，该问句的管领范围即答语部分应为中括号内的语句，这两部分共同构成一个语义关系密切的语段。其中，EAP疑问句是较高层次的语段主位，所预设内容“I have earned some money since I went into politics.”是演讲人和听话人的共有已知信息，what则是演讲人提问和听众关注的焦点。答语是语段述位部分，围绕着问句这一起始点展开，为听众提供新信息。而且EAP疑问句作为语段主位，其中的what（什么/哪些）预示了答语部分的较低层次的语段主位为由First of all、Second、And、And then作为明显标记语引起的句子，以列举的方式分别从不同的方面对该问句提出的话题“自从我从政以来都有哪些经济来源”进行了较全面的讨论，并根据需要，对这些较低层次语段主位引出的话题再进行进一步的发展。在粗体EAP疑问句之后“First of all”之前也有三个短句，乍一看这种组织方式很像综述-详述型，因为综述-详述型常常都是先总说一两句话而后分方面阐释，详述部分有时也会以列举的方式展开。不过，此处的“First of all”前的三个短句只能看作“提示句”（signalling sentence），而不能看作“综述句”（preview），因为它们对于这个语篇来说并不是不可或缺（indispensable）的（Hoey 1983: 150）。所以，此处的组织方式为列举型。以这种方式回答问题、展开语篇，很适合粗体EAP疑问句提出的话题，因为一提到经济来源，对于演讲人这种身份的人来说，渠道自然不止一种，因而将来源渠道最清晰最全面地展示出来的方法就是列举法。这样也符合听众对此类问句答语的接受习惯，从而可以使语篇组织清晰明了，语篇信息按照演讲人的意愿有效地传递给听众。

3.6.4 提问-推论型组织方式

在英语政治演讲语篇中，当演讲人选用EAP结构组织语篇时，有时会出现一种特殊的组织方式——提问-推论型。所谓提问-推论型，是指当EAP疑问句出现时，针对提出的问题，并非以陈述语气进行回答，而是以间接问句或一（多）个IAP结构的“提问”形式展开，诱导听众思考，再根据间接问句或IAP疑问句隐含的内容推理，得出结论或推出EAP疑问句的答语。因此，提问-推论型的特殊性就表现为在EAP疑问句组织语篇的过程中引入了其他的问句类型，尤其是IAP疑问句。3.4.2节已经说明，以问作答型是一种以问句答问句的自问自答模式，这是政治演讲语篇组篇时的一大特色。这种类型的问句、答语都由问句体现，不仅可以体现更强烈的互动性和对话性，而且由于IAP结构中蕴含了演讲人更加强烈的情感，由IAP结构在EAP疑问句的影响下发展语篇时，这种类型的自问自答模式势必会对听话人原有的信息状态造成更加强烈的冲击，促使听话人加强或改变原有的观念，跟随演讲人组织的语篇信息流的走向，从而更加容易接受演讲人传递的信息。根据演讲人表达的意图，EAP疑问句的答语部分既可以止于IAP结构，由听众推理得出结论，也可以由演讲人针对IAP结构的隐含内容点明结论，或在此基础上进一步发挥，详细地回答EAP疑问句。例如：

（28）**Now, how important is this question of the deficit**? [Think about it practically: *What chance would the Republican candidate have had in 1980 if he had told the American people that he intended to pay for his so-called economic recovery with bankruptcies, unemployment, more homeless, more hungry, and the largest government debt known to humankind? If he had told the voters in 1980 that truth, would American voters have signed the loan certificate for him on Election Day?* Of course not! That was an election won under false pretenses. It was won with smoke and mirrors and illusions. And that' s the kind of recovery we have now as well.]

But what about foreign policy? They said that … (*Mario Matthew Cuomo, 1984 Democratic National Convention Keynote Address, 1984*)

在例（28）中，根据同类管领句“But what about foreign policy?”的出现

这一明显的标志，粗体 EAP 疑问句 “Now, how important is this question of the deficit?”（那么，这一财政赤字问题的重要性有多大？）的管领范围即答语部分可判定为中括号内的语句。该问句与答语之间由问与答之间存在着的密切语义关系维系，共同构成一个语段，其中问句为语段主位，为这个语段提供讨论的话题“这一财政赤字问题的重要性”，问句的预设内容“这一财政赤字问题有其重要性”为演讲人和听众共享的已知信息，how 是演讲人想要听众关注的问句焦点，预示着下文语篇将要围绕这一问句焦点而展开。答语是相对于该问句而言的语段述位部分，以问句尤其是它的疑问焦点 how 为起始点展开语篇，在回答问句的过程中为听众提供相关新信息，推动语篇的发展。那么答语部分是如何展开的呢？例（28）中有关财政赤字问题的重要性这一 EAP 疑问句提出后，其后的答语部分并没有以常用的信息传递语气——陈述语气直接回答问题，而是以两个 IAP 结构（一个 IAP 特殊疑问句和一个 IAP 一般疑问句）展开，诱导听众思考：“在1980年竞选时，如果共和党候选人告诉美国民众他将以企业破产、失业、更多人无家可归、更多人挨饿、史上最大的政府债务等为代价来实现他所谓的经济复苏，那么他在竞选中还会有机会获胜吗？如果他在1980年告诉选民那一事实，选民们还会在大选日为他签订贷款证书吗？”显然，这两个 IAP 结构的答语都是否定的，演讲人为了强调这两个结构隐含的答语，紧接着用 “Of course not!”（当然不会）将该答语显性化，并在此基础上推出结论，即1980年共和党候选人所取得的竞选胜利是靠虚假的伪装获得的。这也是上文新信息累加之后达到的信息峰点。答语部分提供的新信息是我们通过目前财政赤字问题才看到的事实真相，因而也是这一财政赤字问题的重要性所在，进而巧妙地回答了 EAP 疑问句。从以上分析可以看出，当演讲人运用 EAP 结构组织语篇时，可以有效地利用 IAP 结构的特点，从而以提问–推论型方式展开语篇，将演讲人意欲传递的信息恰当地传递给听众。例（28）是 EAP 疑问句的答语部分由演讲人针对 IAP 结构的隐含内容点明了结论。另外，演讲人在提出问句后，还可以利用 IAP 这种结构展开语篇，在此基础上更加详细地回答 EAP 疑问句。例如：

（29）And, ladies and gentlemen, please think of this—the nation must think of this: **What kind of Supreme Court will we have?**

Please.

[We—*We must ask ourselves what kind of court and country will be fashioned by the man who believes in having government mandate people's religion and morality; the man who believes that trees pollute the environment; the man that believes that—that the laws against discrimination against people go too far; a man who threatens Social Security and Medicaid and help for the disabled. How high will we pile the missiles? How much deeper will the gulf be between us and our enemies? And, ladies and gentlemen, will four years more make meaner the spirit of the American people?* This election will measure the record of the past four years. But more than that, it will answer the question of what kind of people we want to be.

We Democrats still have a dream. We still believe in this nation' s future. And this is our answer to the question. This is our credo:

We believe in only the government we need, but we insist on all the government we need.

We believe in …

We believe …]

Now for 50 years—for 50 years we Democrats created a better future for our children, … (*Mario Matthew Cuomo, 1984 Democratic National Convention Keynote Address, 1984*)

在例（29）中，演讲人选用了一个 EAP 疑问句“What kind of Supreme Court will we have?”（我们将会有一个什么样的最高法院？）组织语篇，根据该疑问句所提出的话题，以及“And this is our answer to the question. This is our credo”的出现及下面重复出现11次的“We believe (in) …”句式，该问句的答语部分可确定为中括号内的语句。在 EAP 疑问句与答语构成的语段中，问句是语段主位，为该语段提供讨论话题，问句的预设内容“we will have a kind of Supreme Court”为演讲人和听众的共享已知内容，what 为问句焦点，预示下文语篇会围绕它而展开。答语是相对于 EAP 疑问句而言的语段述位部分，是以该问句尤其是疑问词 what 为起始点发展语篇、提供相关新信息的。答语部分的内容虽然相对较多，但显然可以分为两个部分，前一部分由斜体部分即一个间接问句和三个 IAP 结构“我们必须问自己被这样一个人——他认为应该由政府要求人们信仰什么样的宗教和遵守什么样的道德，认为树木污染环境，认为人们太过于关注反歧视法律，并威胁到残疾人的社会和医疗保障问题——领导的最高法院和国家会是什么样子，我们要把导弹堆得有多高？在我们和我们的敌人之间那道鸿沟到底还要变多深？接下来的四年还要让美国人民的精神变得更加卑鄙吗？”组成，以犀利的言辞从反面提出问题以展开对 EAP 疑问句的回答，通过诱导听众对这几个问句的思考，推出其隐含的内容——前任共和党政府的种种弊端，自然会使听众不愿意在接下来的四年中再受这任政府的领导。答语的第二部分则在此基础上详细介绍了他所代表的民主党推崇的宗旨，通过提出、讨论11个“我们坚信……”塑造其政府形象，也回答了问题。可见，EAP 疑问句的提问–推论型组织方式在此发挥得淋漓尽致。

3.6.5　对比型组织方式

对比法是指通过将某些方面相反或对立的不同事物进行比较来描述观点或描述事物之间差异性的方法。这种方法可以使所阐释对象之间的异同和优劣表现得更加鲜明、清晰和淋漓尽致。在英语政治演讲语篇中，对比型也是演讲人运用 EAP 结构组织语篇时经常选用的语篇发展方式之一，属于 Winter（1971）、Hoey（1983）提出的两大小句关系中的配比关系，是为了“寻找不同性”（Hoey 1983: 113）。具体来说，对比型组织方式是在 EAP 疑问句的影响之下，答语部分通过比较小句与小句（语段）之间、语段与语段之间的不同或相异之处，从而推动语篇信息流向前发展的。这种类型的组织方式之所以常出现在 EAP 疑问句的答语部分，是因为演讲人选用 EAP 疑问句可以体现英语政治演讲语篇的强互动性和对话性。此外，这类演讲语篇还具有很强的政治色彩，演讲人往往需要在某个阶段将自己的政治立场、观点鲜明地展示给听众，并尽量达到说服听众接受其观点、主张等目的，要达到这一目的，就需要将与其不同的立场、观点、主张的缺点也呈现给听众。这样，听众才能真正认同演讲人所持观点、立场的优势进而容易被说服。最能有效地帮助演讲人达到这种政治目的的方式就是在 EAP 疑问句体现强互动性和强对话性的同时，在接下来的答语部分以对比型的方式发展语篇，强化演讲人观点、立场的优势以及对立面观点、立场的弱势。例如：

（30）**What are other ways that these finances can be taken care of?** [Some who are lawyers, and I happen to be a lawyer, continue to practice law, but I haven' t been able to do that. …

And so I felt that the best way to handle these necessary political expenses of … —the only way that I could do that was to accept the aid which people in my home State of California, who contributed to my campaign and who continued to make these contributions after I was elected, were glad to make.

And let me say I' m proud of the fact that not one of them has ever asked me for a special favor …]

Let me say, incidentally, that some of you may say, "Well, that' s all right, Senator, that's your explanation, but have you got any proof?" (*Richard Nixon, Checkers, 1952*)

例（30）是更大的话题“演讲人如何支付政治事务，如政治演讲稿的印刷、邮寄等，所需的资金”中的一个小话题。演讲人在列举了两种可能的方式后，运用 EAP 疑问句“What are other ways that these finances can be taken care of ?”导入了一个新的次话题（sub-topic）“支付这些开销的其他方式”。该问句的答语部分应为中括号内的语句，与问句一起构成了一个语义关系密切的语段。这是因为中括号后出现了同类管领句“Well, that's all right, Senator, that's your explanation, but have you got any proof?”，话题已经发生了改变。在这个 EAP 结构中，问句是语段主位，预设内容“these finances can be taken care of by some ways”为演讲人和听众的共享已知内容，疑问词 what 为该问句的焦点，预示着下文语篇将围绕这一个焦点展开。答语是相对于 EAP 疑问句而言的语段述位部分，是以该问句尤其是以疑问词 what 为起始点向听众提供的新信息。该问句中的 other ways 也预测了答语部分的两个具有较低层次的语段主位（即“Some who are lawyers … continue to practice law, but I haven’t been able to do that.”和“And so I felt that the best way to … the only way that I could do that was to accept the aid … were glad to make.”）。也就是说，答语由两部分组成，分别是两种支付这些开销的可能情况：一种是通过继续当律师筹集资金，另一种是接受支持者的资助。这两部分之间是对比关系，通过演讲人使用的“the best way”显示出来。演讲人提出通过继续当律师筹集资金的可能情况后，陈述了他不能也不愿这样做的理由，即他认为会有失公正。紧接着，在指出继续当律师筹集资金这种做法的缺点之后，与之对比，演讲人提出了他认为的最好的可行的方式就是接受支持者的资助。总之，语篇通过对比方式否定了前一种可能选择，强调了后一种可能选择对他的适用性，从而回答了该 EAP 疑问句，明确了他的立场和观点并推动了语篇信息流的顺利发展。

3.6.6 时间顺序型组织方式

逻辑序列关系是 Winter（1971，1977）、Hoey（1983）提出的两大类小句关系之一，指的是现实或虚拟的相继发生的事件或想法之间的关系，时间顺序是逻辑序列关系中最基本的形式（Hoey 1983: 19），是一种按照时间的先后顺序组织小句关系的方式。在英语政治演讲语篇中，当演讲人选用 EAP 疑问句导入一个新话题时，根据话题的需要，有时 EAP 疑问句的答语部分会按照时间的顺序来叙述发生的事件、想法的改变等。这种展开语篇的方式与人们日常对时间、空间等的体验相一致，因而更易于听众理解和接受语篇所传递出的信息。例如：

（31）What, then, happened during the last few days of February and the first few days of March?

[Because of undermined confidence on the part of the public, there was a general rush by a large portion of our population to turn bank deposits into currency or gold—a rush so great that the soundest banks couldn’t get enough currency to meet the demand ... By the afternoon of March third, a week ago last Friday, scarcely a bank in the country was open to do business ... It was then that I issued the proclamation providing for the national bank holiday, and this was the first step in the Government's reconstruction of our financial and economic fabric.

The second step, last Thursday, was the legislation promptly and patriotically passed by the Congress confirming my proclamation ...

The third stage has been the series of regulations permitting the banks to ...]

This bank holiday, while resulting in many cases in great inconvenience, is affording us the opportunity to supply the currency necessary to meet the situation ... (*Franklin D. Roosevelt, First Fireside Chat, 1933*)

在例（31）中，演讲人通过EAP疑问句"What, then, happened during the last few days of February and the first few days of March?"导入了一个新话题"在二月的最后几天和三月的前几天发生了什么状况？"此问句的管领范围即答语部分应为中括号内的语句，止于评论性内容"This bank holiday, while resulting in many cases in great inconvenience, is affording us the opportunity to supply the currency necessary to meet the situation."之前。在EAP疑问句与答语构成的语段中，问句是语段主位，是下文语篇的起始点，问句的预设内容"Something happened during the last few days of February and the first few days of March."为演讲人和听众的共有已知信息，疑问词what为提问的焦点，预示着下文语篇要讨论与此相关的内容。答语自然成为语段述位部分，在问句的影响和作用下以一定方式发展语篇。针对EAP疑问句新提出的话题，其下文语篇应讨论在二月的最后几天和三月的前几天到底发生了什么事情，为了回答这一问句并清晰地将信息传递给听众，此处按照人们最为熟悉的时间顺序发展语篇，简单叙述了"将银行存款兑换成现金或黄金的兑换潮出现，一周前的周五下午3点银行全部关闭，银行假期公告的发布，上周四立法确认公告，及一系列规定的制定"。通过按照时间顺序简单阐述不同时间节点如何应对兑换潮，问句中提到的"发生了什么事情"得到了有效的回答，而且也体现了这些政策和规定在应对经济大萧条时期的积极作用。按照时间顺序的叙述手法看似简单，却可以让听众感受到总统对于解决国家危机、改善公共福利的坚定决心和积极行动。以“By the afternoon of March third，a week ago last Friday”“then”“last Thursday”等为时间标识语（time marker），增强了语篇发展的逻辑性，而且以叙述事实的方式向听众传递信息更易于听众对信息的接受，使信息的传递和接受进程都比较流畅。这样发展语篇的方式更符合政治演讲语篇的要求。这也是EAP结构用时间顺序型详述方式发展语篇的一大功效。

3.6.7 答语展开方式的补充说明

3.6.1到3.6.6节讨论EAP结构的详述方式时多次提到了“预设”这一概念。“预设是以隐含的方式内嵌于句子或语段之中的无须断言的信息或命题。”（王守元、苗兴伟 2003: 1）在编排信息时，讲话人/作者一般将一些次要信息以预设的形式内嵌于语篇之中，作为对主要信息的铺垫和衬托，从而突出主要信息（王守元、苗兴伟 2003: 2）。预设往往可以从语句中的某些词语或语句的结构本身得到提示（张克定 2008: 60），它在信息的传递过程中起着“决定性的作用，……，决定着信息焦点的选定”（张克定 1999: 26）。疑问句的预设是指说话人在问话时预先假设成立的内容，也就是存在于该问句中的背景信息。疑问句的选用一般来讲都是以问话人和听话人承认其预设内容为前提的。对疑问句的预设内容进行分析可以找出哪些是问话人和听话人共有的已知信息，以及该疑问句的提问焦点，就可为下文语篇的信息传递提供分析基础。在英语政治演讲语篇中，演讲人在选用EAP结构组织语篇时，绝大多数情况下都是以默认或者说接受EAP疑问句的预设内容为前提，直接针对该问句作答来组织语篇，如上面讨论的各种组织方式就属于这种情况。但是，有时EAP疑问句后面也会出现这样的展开方式：演讲人从问句本身的预设入手，先解释预设，再针对问句作答，此时演讲人由于对预设内容给予了额外强调，因而它就成为演讲人所要重点传递的信息。例如：

（32）**Why some rice farmers—some rice farmers—some rice eaters ran him[1] out of Korea?** [Yes, they ran him out of Korea. Rice-eaters,

---

［1］这一语篇中的him、he和his都是指白人。

with nothing but gym shoes and a rifle and a bowl of rice, took him and his tanks and his napalm and all that other action he' s supposed to have and ran him across the Yalu. **Why?** 'Cause the day that he can win on the ground has passed.]

Up in French Indo-China ... (*Malcolm X, The Ballot or the Bullet, 1964*)

在例（32）中，why 引导的特殊疑问句是一个 EAP 疑问句，导入“为什么一些农民把白人赶出朝鲜”这一新话题，由于语义内容发生了改变并且也更换了地点状语，即由 Korea 转到了“Up in French Indo-China”，该问句的管领范围 / 答语可判定为“Up in French Indo-China ...”前面的内容，由中括号表示。在这一问答结构构成的语段中，问句显然是语段主位，为下文语篇提供起始点，问句的预设内容“some rice eaters ran him out of Korea”（一些农民把白人赶出了朝鲜）是一个已经发生的事实，是演讲人与听话人共享的已知信息，疑问词 why 是问句的焦点，针对这一事实发生的原因提问。答语是相对于问句的语段述位部分，以 EAP 疑问句为起始点展开语篇，传递新信息。正常情况下，演讲人会以默认该问句的预设内容为前提，接下来直接给出事实发生的原因，也就是演讲人第二次以“why?”这一省略形式重新提起这一问句后的简短答语“'Cause the day that he can win on the ground has passed.”（因为白人取得胜利的日子已经一去不复返了）。但是，此处演讲人并没有这样发展语篇，而是对疑问句的预设内容做了比较详细的解释，尤为强调农民利用简单装备就把装备精良的他（白人）赶走这一以弱胜强的事实，而后才以“why?”省略问句的形式再次提问，给出了简短回答。很明显，若直接回答这一 EAP 疑问句，就会显得证据缺乏，不足以服众，而且也无法强调演讲人想要重点传递的信息。通过对问句预设内容的详细解释再给出答案的展开方式则更易于听众接受他的观点和其传递的信息，确保语篇信息流在传递和被接受的过程中都能够自然通畅。

此外，演讲人从 EAP 疑问句的预设内容入手展开语篇时，还可以直接否定问句的预设，使该问句提问的前提站不住脚，自然下文语篇不必再针对问句进行回答，因为“一个疑问句只有当所有预设都是真的时候，该疑问句才存在真解答”（徐阳春 2003: 39），否定了预设就等于否定了该问句的意义。这也可以算作一种特殊的间接回答 EAP 疑问句的方式。例如：

（33）... **How we gonna overcome the tendency to be at each other's throats that always exists in our neighborhood?** [And the reason this tendency exists—the strategy of the white man has always been divide and conquer. He keeps us divided in order to conquer us. He tells you, I' m for separation and you for integration, and keep us fighting with each other. No, I' m not for separation and you' re not for integration, what you and I are for is freedom. Only, you think that integration will get you freedom; I think that separation will get me freedom. We both got the same objective, we just got different ways of getting' at it.]
So I studied this man, Billy Graham, who preaches white nationalism. (*Malcolm X, The Ballot or the Bullet, 1964*)

在例（33）中，演讲人号召大家要团结起来，并顺势提出一个 how 引导的 EAP 疑问句，从而导入一个新话题"我们要如何克服总是存在于我们社区中的势不两立的倾向"，下文语篇以该问句为起始点展开。根据语义是否改变这一重要判定依据以及总结副词 so 的出现，这一问句的答语 / 管领范围止于"So I studied this man, ..."之前，因为 so 提示上文话题已经结束，从这一部分起就转向对另一个话题 Billy Graham 和他所宣扬的白人民族主义的讨论。EAP 疑问句为语段主位，其预设为"We want to overcome the tendency to be at each other's throats that always exists in our neighborhoods."（我们是势不两立的，这种倾向一直存在，我们想要克服这种情况。），疑问词 how 是该问句的提问焦点，预示作为语段述位的答语部分要围绕着如何克服目前一直存在的势不两立的状况而展开。但是，接下来提供的语篇信息却在听众意料之外。针对这一 EAP 疑问句，演讲人并没有直接给出解决问题的方法，反而通过一系列的阐释说明"我们并不是势不两立的，这只是白人惯用的一个分裂我们的伎俩，我们是有着共同目标的"，这样就否定了该问句的预设内容，自然就不必再一本正经地对该问句进行回答了。其实，对问句预设内容的否定也就等于间接地回答了该问句，即我们势不两立的事实本不存在，因而不需再谈克服我们之间的矛盾，只需团结起来共同对抗白人。以这种否定问句预设的方式展开语篇，可以体现演讲人从较深层次分析事情本质的能力，所提供的对于听众来讲是意料之外的新信息，会给听众一种拨云见日的感觉，这样自然让听众更加信服和愿意接受语篇所传递出的观点和信息。

3.7 小结

本章对英语政治演讲语篇中的问答结构的导入-详述功能进行了详细的探讨。在英语政治演讲语篇中，演讲人常常选用 EAP 结构，通过问句导入一个新话题，并在其后的答语中进行详细阐述，从而组织和发展语篇。

由分析可知，EAP 结构之所以具有导入-详述功能，是因为只有它能够同时具备以下四个条件：上文话题已完结或可以暂时中止当前信息、问答关系为被解释-解释关系、充当语段主位和启后力强于承前力。通过分析 EAP 结构和政治演讲语篇的特征关联性，说明了问答结构在该语篇类型中的存在是二者相互选择、相互适应的结果。鉴于导入-详述功能讨论的是 EAP 疑问句的导入方式及其答语的详述方式，那么，在具体讨论之前要先确定 EAP 疑问句的答语范围。分析表明，EAP 疑问句是一种以其答语为管领范围的管领句，话题是否改变是判定 EAP 疑问句的答语 / 管领范围的主要依据，同时还会伴有一些比较明显的判定手段。

根据 EAP 疑问句和答语的数量和体现方式的不同，导入-详述功能的问答结构在英语政治演讲语篇中表现出来的自问自答模式类型主要有一问一答型、以问作答型和多问一答型。这三种类型只是对该结构在语篇中体现形式的描写和总结。在此基础上，本章重点分析了 EAP 结构中的问句是如何实现导入功能以及答语是如何实现详述功能的。研究表明，EAP 疑问句主要通过补充说明型和时间顺序型等直接承接方式，以及解释说明型、层级间补充说明型和转折型等层级间承接方式导入话题的。EAP 疑问句在导入一个新话题后，根据演讲人选用 EAP 结构意欲达到的不同演讲目的及话题侧重点的不同，其答语部分发展的方式是多种多样的，主要有一般-个别型、否定-修正型、列举型、提问-推论型、对比型、时间顺序型等六大详述方式。问答结构导入-

详述功能的前提条件、模式类型及实现方式如表3.1所示。总而言之，演讲人运用问答结构组织英语政治演讲语篇时，该结构所起到的导入–详述功能是演讲人既采取承前性策略，也采取启后性策略的结果。

表 3.1 导入–详述功能的前提条件、模式类型及实现方式

<table>
<tr><th rowspan="2">功能</th><th rowspan="2">前提条件</th><th rowspan="2">模式类型</th><th colspan="2">实现方式</th></tr>
<tr><td>导入方式</td><td>详述方式</td></tr>
<tr><td rowspan="2">导入–详述</td><td rowspan="2">上文话题完结；
被解释–解释关系；
语段主位；
较强的启后力</td><td rowspan="2">一问一答型；
以问作答型；
多问一答型</td><td>直接承接：补充说明关系；时间顺序关系</td><td rowspan="2">一般–个别型：综述–详述型、概括–例示型；
否定–修正型：主张–否定–修正型、直接否定–修正型；
列举型；
提问–推论型；
对比型；
时间顺序型</td></tr>
<tr><td>层级间承接：解释说明关系；层级间补充说明关系；转折关系</td></tr>
</table>

第四章

问答结构的总结-诱思功能

在组织英语政治演讲语篇时，演讲人除了选用具有导入-详述功能的 EAP 结构（详见第三章），还常常选用另外一种问答结构，如例（1）中的粗体部分所示。

（1） We—We have in the last few years spent more than we can afford. We have pounded our chests and made bold speeches. But we lost 279 young Americans in Lebanon and we live behind sand bags in Washington. **How can anyone say that we are safer, stronger, or better?** That—That is the Republican record … (*Mario Matthew Cuomo, 1984 Democratic National Convention Keynote Address, 1984*)

例（1）中的粗体部分是一种问答结构，答语隐含在问句之中。这种结构虽然表现为问句形式，但表达的是一个断言义。如果将它隐含的意义以陈述句的形式表达出来，仍然是一个通顺流畅的语篇，如例（1'）所示。

（1'） We—We have in the last few years spent more than we can afford. We have pounded our chests and made bold speeches. But we lost 279 young Americans in Lebanon and we live behind sand bags in Washington. Therefore，we cannot say that we are safer, stronger, or better.
That—That is the Republican record …

那么，演讲人为什么选用一个集问句和答语于一体的问答结构，而舍弃陈述句的表达方式呢？根据本书研究提出的分析框架，我们认为，这是因为问答结构在英语政治演讲语篇中具有独特的组篇功能——总结-诱思功能。总结-诱思功能是指问答结构既是对上文内容的总结，同时也诱导听众对所总结的内容进行思考并接受演讲人在上文语篇中传递的信息。这是演讲人主要采取承前性策略的结果。4.1节将讨论问答结构的总结-诱思功能应具备的前提条件。4.2节将对具有总结-诱思功能的问答结构与政治演讲语篇的特征关联性进行分析。4.3节将描述这种结构在英语政治演讲语篇中表现出来的模式类型。在此基础上,4.4节将重点分析这种结构的总结-诱思功能的主要实现方式。4.5节将对篇尾问答结构的独特作用进行专门讨论。4.6节对这种结构的启后力情况做补充说明。4.7节概述本章的主要内容。

4.1 总结-诱思功能的前提条件

在英语政治演讲语篇中，并不是任何一类问答结构都具有总结-诱思功能。这种功能的实现是要有一定的前提条件的。首要且很显然的一点是，问答结构与上文内容之间应表现为总结-被总结关系，对这一前提条件将不再做具体阐释。下面具体讨论问答结构的总结-诱思功能所应具备的其他三个前提条件。

4.1.1 较强的承前力

由第二章对承前性策略和启后性策略的讨论可知，演讲人选用问答结构组织政治演讲语篇时，问答结构承前的力量和启后的力量是不同的，主要表现为承前力强于启后力、启后力强于承前力两种状态。如果英语政治演讲语篇中的问句之后有对其进行解释说明的显性答语，那么二者会构成一个语义关系密切的问答结构，该问答结构与上文之间的作用力即承前力相对较弱，无法对上文进行有效的总结。另外，问句不带显性答语才可以诱导听众对上文信息进行积极思考和推理。因此，具有总结-诱思功能的问答结构一般不带解释说明性的显性答语，使其承前力强于启后力[1]，与上文相关内容构成语段，并处于该语段的结尾部分。这样，由于与上文关系更为密切，该问答结构就可以通过提问诱导听众思考，从而推出答语并对上文信息进行总结。譬如，例（1）中粗体部分的疑问句表现为以下特点：首先，该疑问句后面没有显性答语，无法构成问答语段；其次，该疑问句是承接上文信息出现的，并与上文信息关系密切，是对上文内容的总结和升华；最后，这一疑问句以问句的形式处于语段的结尾部分，诱导听众思考从而推出隐含在问句中的答语，即“we are not safer, stronger, or better at all”。由分析可知，例（1）中的疑问句与其隐含的答语构成了一个问答结构，具有总结-诱思功能。因此，问答结构具有总结-诱思功能的前提条件之一应为：该问答结构中的问句与上文关系更为密切，它的承前力强于启后力。

4.1.2 语段新信息

信息系统是语篇的重要组成部分，是语言系统的语篇组织资源。一个语篇就是一股信息流，信息系统“决定着语篇作为信息流是如何组织的”（Halliday 1977: 179）。信息系统将话语组织为一束束的信息或一个个的消息块，称为信息单位。每一个信息单位都有其内部结构，包括已知信息和新信息两个部分。其中，新信息是必不可少的组成部分，是讲话人所要传递的重点，已知信息则可有可无。语篇中每一个小句都负载着一定的信息，从语篇的第一个小句开始，至语篇末端的最后一个小句，无不在这股信息流的传递和发展过程中贡献着力量。作为语篇组织资源，信息结构有小句新（已知）信息、语段新（已知）信息和语篇新（已知）信息的层级之分。语篇新信息、语段新信息和小句新信息主要用于承前，将上文累加的信息或意义集结在一起为语篇提供语场（Martin 1992）。语段新信息是在高于小句、低于语篇的层面讨论的。如果将一个语段看作一个已知 / 新信息的结构，那么，该语段的末端信

---

[1] 具有总结-诱思功能的IAP疑问句的启后力可以表现为两种状态。一种是启后力为零，即下文讨论的是另一个新话题，只与演讲主题相关，但与疑问句的断言无关。另一种是启后力相对较弱，即下文内容只是顺应IAP疑问句的断言出现的，但讨论的是另一个相关新话题，与IAP疑问句不在一个语段内。4.6节将对IAP疑问句的启后力情况做补充说明。

息就是顺应并累加上文信息的结果，是语段的新信息，或称为信息峰点。

在英语政治演讲语篇中，问答结构若要实现总结-诱思功能，那么，该问答结构就应是语段新信息，是顺着上文信息发展的结果。如例（1）中的how疑问句就是在上文语篇信息（“过去几年入不敷出、一味地做慷慨激昂的演讲、黎巴嫩失去了279名年轻的美国同胞、在华盛顿过着风声鹤唳的生活”等）不断累加的基础上所达到的信息峰点，成为它与上文语篇构成的语段的语段新信息，即“怎么能说我们更安全、更强、更好呢?”所以，英语政治演讲语篇中的问答结构具有总结-诱思功能的前提条件之二为：该问答结构充当它所在语段中的语段新信息。

4.1.3 当前话题完结

Asher（2004: 163）认为，连贯的语篇有一个大的主题，该主题又是通过一系列相互联系的小话题发展的。具体到演讲语篇，它有一个演讲中心或者说演讲主题，该演讲中心或主题又是由不同层级的话题共同论证的。一般而言，演讲人会选用具有完结特点的陈述句并伴有一定的提示语，从而结束某个话题。例如：

（2）[1] **What did we do with this money? What do we have today to show for it?** [This will surprise you because it is so little, I suppose, as standards generally go of people in public life.

First of all, we've got a house in Washington, …We have no interest of any kind, direct or indirect, in any business.] Now, that's what we have.

What do we owe?

Well in addition to the mortgage, … (*Richard M. Nixon, Checkers, 1952*)

例（2）在结束“我们是如何使用这些钱”的话题时，选用了一个陈述句“We have no interest of any kind, direct or indirect, in any business.”，同时还伴有提示语“Now, that's what we have.”。但是，情况并非总是如此。在英语政

[1] 此处以第三章中的例（6）为例，为了叙述方便，重新以例（2）标示。

治演讲语篇中，当问答结构具有总结-诱思功能时，该问答结构就是对上文中心思想的概括或进一步阐释，与上文语篇的关系更紧密，处于同一个语段中。既然问答结构对上文相关内容具有总结的能力，自然也就意味着当前语段话题的终止。比如，例（1）讨论的是共和党人执政期间的种种不尽如人意的表现。在罗列了一些他们的所作所为之后，演讲人选用了一个 how 引导的疑问句，通过隐含在问句中的答语对这些执政表现进行了总结和评价，从而结束了当前正在讨论的话题。虽然下文内容也是在此基础上的进一步延伸和扩展，但已不再是“共和党人执政期间具体表现”这一当前话题。可见，英语政治演讲语篇中的问答结构具有总结-诱思功能的前提条件之三应为：该问答结构所在语段的话题止于该结构。

概言之，问答结构只有同时满足以上四个前提条件，才能具有总结-诱思功能。问答结构的类型之一——IAP 结构的答语隐含在问句之中，表达的是断言之义。因此，它需要依附于上文语篇才能出现，成为该语段的语段新信息，并通过断言之义对上文语篇进行总结，预示着当前的话题到此为止，其承前力自然强于启后力。可见，IAP 结构可以同时满足以上四个前提条件，具有总结-诱思功能。

4.2 IAP 结构与演讲语篇的特征关联性分析[1]

从4.1节可知，当演讲人选用问答结构组织英语政治演讲语篇时，IAP 结构可以满足与上文语篇之间的总结与被总结关系、承前力强于启后力、充当语段新信息和当前话题完结这四个前提条件，具有总结-诱思功能。然而，这虽然可以说明 IAP 结构具有总结-诱思的组织功效，但并不能解释为什么演讲人在组织语篇时愿意大量选用这种问答结构来完成这种组织功能。在所收集到的925个问答结构中，IAP 这种结构就占419个，几乎与 EAP 结构平分秋色。那么，这种结构到底具有哪些独特性，使其能受到演讲人的青睐，在英语政治演讲语篇的构建过程中占有一席之地呢？我们认为，这是 IAP 疑问句的特点与英语政治演讲语篇的特点相互作用，进而相互适应的结果。

[1] 本节的主要内容和观点作为前期成果已被刊发，详见杜娟（2015c: 21）。

3.2节已经对英语政治演讲语篇的特点进行了分析。分析指出，英语政治演讲语篇是一种说服性语篇，为了达到说服听众的目的，要求语篇尽量具有强互动性、强对话性和强逻辑性等特点。但是，这类语篇又具有非互易性特点，两者存在矛盾。因此，演讲人在组织语篇时需要采取一定的策略或方法弥补其非互易性特点之不足，从而解决矛盾，促进目标的达成。

IAP 疑问句是疑问句的一种特殊用法，其特点表现为无疑而问，并且讲话人通过问句将答语隐性地传递给听话人。听话人或诉诸常识，或诉诸上文语篇信息，通过简单推理即可得知答语。因此，这种问句具有问句和断言的双重特征。第一个特征，即问句特征，显性地体现了讲话人和听话人之间的互动和对话。面对问句，听话人自然而然地处于准备回应的状态，从而与讲话人之间构成一个提问–回答的对话和互动模式。第二个特征，即断言，是它的主要意义。这种断言一般来讲具有 Althusser（1984）指出的易见性（obviousness）。也就是说，这种疑问句可以传递出一种额外信息：隐含答语的内容“是显而易见的！是对的！”。IAP 疑问句通过标示看起来显而易见的但仍属于意识形态的信息，可以间接地“邀请”读者 / 听话人接受作者 / 讲话人传递的代表其观点和立场的信息（Badarneh 2009: 652）。此外，这种问句常常是对上文语篇信息的一种质疑、谴责或赞扬，在体现语篇逻辑性的同时，“这些疑问句的语义内容也表明不同的对立声音或观点之间的微观对话（microdialogue）”（Badarneh 2009: 646）。

IAP 疑问句的上述特点恰恰可以与英语政治演讲语篇的特点和需求相互作用和适应。英语政治演讲语篇的非互易性与演讲目标之间的矛盾可以由这种问句弥补。演讲人选用 IAP 疑问句以提问的方式与听众互动，在他本人与听众之间以及语篇内部由问句所体现的各种声音[1]之间创建对话，从而使演讲人和听众处于一种强互动和强对话的状态。并且，作为对上文信息的一种总结，这种问句是顺应上文语篇逻辑关系的需求而出现的，其断言也是演讲人本人情感、立场观点的很好体现。断言所具有的易见性有利于将演讲人想要传递的信息或想要表达的意图顺利地传递给听众并为其接受。综上所述，演讲人组织英语政治演讲语篇时选用 IAP 结构是合理的。这是由 IAP 疑问句的特点与英语政治演讲语篇的特点共同决定的，这种问句可以解决英语政治

[1] IAP 疑问句可以使演讲人以对话的状态向听众展示几种不同的声音。

演讲语篇非互易性和目标之间的矛盾从而满足其需求。同时，这类演讲语篇也为 IAP 这种特殊类型的问答结构提供了存在的空间和价值。

4.3 总结–诱思功能的自问自答模式类型

在英语政治演讲语篇中，演讲人利用 IAP 结构的答语隐含于问句之中的特点，在提出问句与听众互动的同时将答语传递给听众，从而对上文相关内容作出总结，诱导听众针对演讲人传递的信息进行积极的、常常是有利于演讲人的思考。也正是由于答语隐含的这一特点，相对于具有导入–详述功能的 EAP 结构而言，总结–诱思功能的自问自答模式类型比较单一，只有答语隐含型，但答语隐含型在英语政治演讲语篇中的体现方式各异，主要表现为以下三个方面。

第一，单个 IAP 结构和多个 IAP 结构。在英语政治演讲语篇中，演讲人根据语篇信息发展及语气、情感表达等的需要，有时选用一个 IAP 结构，有时则选用多个这种结构。如例（1）中的自问自答类型为单个 IAP 结构 “How can anyone say that we are safer, stronger, or better?”（怎么能说我们更安全、更强、更好呢？），通过表达其否定意义对上文信息进行总结评价。当选用多个 IAP 结构时，根据小句关系理论，这些结构之间也是由一定的关系连接的，常见的有并列关系和递进关系，如例（3）和例（4）。

（3）The time of justice has now come. I tell you that I believe sincerely that no force can hold it back. It is right in the eyes of man and God that it should come. And when it does, I think that day will brighten the lives of every American. For Negroes are not the only victims. **How many white children have gone uneducated? How many white families have lived in stark poverty? How many white lives have been scarred by fear, because we've wasted our energy and our substance to maintain the barriers of hatred and terror?** (*Lyndon Baines Johnson, We Shall Overcome, 1965*)

（4）... And yet the whole world of the future hangs on a proper judgment. It hangs, I think, to a large extent on the realization of the American people, of just what are the various dominant factors. **What are the reactions of the people? What are the justifications of those reactions? What are the sufferings? What is needed? What can best be done? What must be done?** (*George C. Marshall, The Marshall Plan, 1947*)

例（3）和例（4）的粗体部分均为多个 IAP 结构或称为 IAP 问答结构群。其中，例（3）中的 IAP 问答结构群内部之间为并列关系，分别从白人孩子、白人家庭和白人的生活这三个方面进行提问，诱导听众思考，用隐含在各个问句中的答语证明上文提到的观点，即黑人并不是唯一的受难者，白人同样也在受苦，正义来临的那一天将照亮每一个美国人的生活。（杜娟 2016: 102）这也是对上文讨论内容的总结。例（4）中的六个 IAP 结构之间则为递进关系，从人们的反应是什么，反应的理由是什么，到都有哪些痛苦，需要做什么，再到最好可以做什么及必须做什么。通过提出这些问题，演讲人诱导听众思考的内容层层深入。对这些问答结构的回答是以通篇演讲的内容为参照的，演讲人以这种特殊的方式总结了整篇演讲所要传递给听众的信息。

第二，不带显性答语的 IAP 结构和带有显性答语的 IAP 结构。第二章在对问答结构进行界定时已经指出，虽然 IAP 结构是答语隐含于问句中的结构，隐性非言语的答语是这种结构的固有特征，但并不是说这种结构的答语就必须是隐性的。Ilie（1994: 84）认为，这类疑问句可以有两种答语，即由讲话人隐含的、必有的、推论可知的心理答语和由讲话人或受话人提供的非必有的言语答语。也就是说，心理答语是必需的，而言语答语是可选的。在英语政治演讲语篇中，IAP 疑问句后会不乏演讲人给出的言语答语，答语会进一步增强这类问句的论辩功能，这是政治演讲语篇的一个特征（Ilie 1994: 138）。但一般来讲，这种问句即使带有显性答语，该答语也非常短，并且与 EAP 疑问句的答语有很大不同。IAP 疑问句的显性答语主要用于进一步强调隐含在问句中的答语，并不具有明显的组织语篇的功能。例如：

（5）... Think about it practically: **What chance would the Republican**

candidate have had in 1980 if he had told the American people that he intended to pay for his so-called economic recovery with bankruptcies, unemployment, more homeless, more hungry, and the largest government debt known to humankind? If he had told the voters in 1980 that truth, would American voters have signed the loan certificate for him on Election Day? Of course not! (*Mario Matthew Cuomo, 1984 Democratic National Convention Keynote Address, 1984*)

如例（5）所示，粗体部分是两个 IAP 结构，隐含在问句中的答语分别为“the Republican candidate would have had no chance in 1980 if he had told the American people that … and the largest government debt known to humankind.”和“No，they wouldn’t.”。第一个 what 引导的问句是不带显性答语的 IAP 疑问句。第二个 IAP 疑问句后面跟有一个非常简短的显性答语“Of course not!”。这个显性答语只是对此问句的隐含答语的进一步强调，并不具有明显的语篇组织功效。鉴于此，本书在讨论 IAP 结构的总结–诱思功能及其组织方式时，将显性答语（如果有）与该结构视为一体，不再区分这两种结构。

第三，篇中 IAP 结构和篇尾 IAP 结构。这种结构在英语政治演讲语篇中的位置比较灵活，既可以置于语篇发展过程中，也可以置于语篇末端。如果说 IAP 结构的存在是英语政治演讲语篇的一种常见现象，那么，这种结构在篇尾的出现则是这类语篇的一大亮点。一般来讲，在常规的语篇信息流的传递过程中，位于篇尾的信息是信息流的末端，意味着信息传递的终结，其后不再有信息，因而会以非疑问句形式结束语篇。然而，在英语政治演讲语篇中，演讲人有时根据组织语篇的需要，也会选用单个或多个 IAP 结构结束语篇，因而会出现这种结构位于篇尾的奇特语篇现象。（杜娟 2015c: 21-22）下文对 IAP 结构总结–诱思功能的组织方式进行讨论时，不仅关注语篇当中的 IAP 结构是如何组织语篇的，而且也会关注篇尾 IAP 结构组织语篇的特点和功能。

4.4 总结-诱思功能的实现方式

在英语政治演讲语篇中，问答结构常常用于承接上文语篇，从而起到独特的总结-诱思功能，这是演讲人充分采取承前性策略组织语篇的结果。由4.1节至4.3节的讨论可知，具有总结-诱思功能的问答结构是IAP结构这种类型，在语篇中表现为答语隐含型，常常出现在语篇当中，但也不乏出现在篇尾。当这种结构出现在语篇末尾时，其独特性尤为明显，我们将另辟一节进行讨论。本节将对英语政治演讲语篇中IAP结构的总结-诱思功能做进一步探讨，深入分析这种结构与上文语篇之间的关系，即它是以何种承接方式组织语篇的。

一般，IAP结构与上文语篇的语义更为紧密，其承前力强于启后力，与上文信息整体表现为总结和被总结的关系，又由于这种结构本身蕴含着演讲人强烈的情感，因此，在英语政治演讲语篇中，这种疑问句常常被演讲人用来同时执行演讲的两大任务[1]——否定他人观点和宣扬本人主张。也就是说，一般情况下[2]，IAP结构的上文会显性或隐性地提供一些负面信息，如他人的观点主张、所作所为或一些不好的社会现象。然后，演讲人利用这种结构的假提问真断言的特点，将不满、愤怒等情感通过该结构传递出去，以其易见性传递出一种额外信息“他说的是对的！这是很明显的！”，从而促使听众认同演讲人的观点。这样，IAP结构以否定他人观点的方式对上文信息进行总结，同时也表达了演讲人的观点和态度。将IAP疑问句的特点、政治演讲的两大任务，以及总结方式进行综合考虑，我们认为，这种结构在英语政治演讲语篇中主要可以通过对上文内容进行具体解释、对上文内容进行归纳及与上文内容进行比较等三种方式直接承接上文信息，从而起到总结-诱思功能。这三种主要总结方式可分别称为阐发关系承接、归纳关系承接和比较关系承接。

---

[1] 在英语政治演讲中，演讲人“不仅要否定论敌的观点，也要传播自己的主张”（陈波 2002: 225），因而否定他人观点和宣扬本人主张应是演讲人组织演讲语篇时需要完成的两大任务，如果缺少任一因素，整个论证就会显得不充分。

[2] 当然，语篇当中也存在这样的用法，即上文是演讲人传递的正面信息，IAP疑问句用于对上文信息进行肯定和赞赏。但这种用法为数不多，IAP疑问句主要还是用来否定他人的观点和做法，这是由英语政治演讲语篇的政治性决定的。

4.4.1 阐发关系承接

阐发关系承接是指在语篇信息向前发展的过程中，下文语篇是对上文语篇所述内容的进一步的解释和说明。在英语政治演讲语篇中，演讲人有时会选用一个或多个IAP结构，通过对上文表达的内容或观点进行解释说明，从而总结当前正在讨论的话题。这样不仅显性地与听众进行互动和对话，诱导听众针对该结构所提出的问题进行思考，而且，无论该结构的隐含答语是根据上文语篇推出的还是根据常识简单推理得知的，都可以使听众更加清楚地了解上文语篇的内容，更加容易接受IAP结构想要传递和强调的上文信息，推动语篇信息流朝演讲人控制的方向发展。

一般来讲，阐发上文语篇的方式主要有三种：详述型、解答型和递进型。前两种的共同点表现为都是对上文具有概括性的内容进行更加详细的解释以使其意更清晰；不同点表现为IAP结构所承接的上文语篇的语气类型不同，分别为陈述语气和疑问语气。与前两种不同，递进型指IAP结构是在上文语篇信息的基础上对语义内容的进一步拓深。

4.4.1.1 详述型阐发关系

陈述语气是语篇传递信息的常规方式。在英语公众政治演讲过程中，当演讲人以陈述语气推动语篇信息向前发展时，演讲人有时会选用一个或多个这种结构对上文所陈述的概述性内容做进一步的解释和说明，以诱导听众思考的方式对当前所述话题进行总结，使听众对上文传递的信息有更加清晰的理解和认识。这种IAP结构承接上文陈述语气传递的信息的方式可称为详述型阐发关系承接（以下简称详述型承接）。例如[1]：

（6）None can fail to see the danger to our safety and future peace if Texas remains an independent state or becomes an ally or dependency of some foreign nation more powerful than herself. **Is there one among our citizens who would not prefer perpetual peace with Texas to**

[1] 作为前期成果，对这个例子的分析已被刊发，详见杜娟（2016: 103-104）。

occasional wars, which so often occur between bordering independent nations? Is there one who would not prefer free intercourse with her to high duties on all our products and manufactures which enter her ports or cross her frontiers? Is there one who would not prefer an unrestricted communication with her citizens to the frontier obstructions which must occur if she remains out of the Union? (*James Knox Polk, Inaugural Address, 1845*)

例（6）是詹姆斯·波尔克于1845年3月4日做的就职演讲中的一部分。此次演讲是围绕扩大疆域的主题进行的，即演讲人针对得克萨斯要加入美国联邦这一事件发表演说。当演讲人讲到这一事件对美国公民的影响时，他以陈述的语气指出，“每个人都能看到，如果得克萨斯仍然处于独立状态，或者成为势力更大国家的同盟或附属国，它将威胁到我们的安全和未来的和平”。接下来，演讲人并没有再以陈述的语气讲述它是如何威胁到美国公民的安全和和平的，而是以三个 IAP 结构承接了他所陈述的内容，通过提出“难道我们的公民中会有任何人不愿意同得克萨斯保持永久和平，而喜欢经历经常发生于独立国家之间的边境战争吗？难道有人会不愿意同得克萨斯自由地交往，而宁愿为我们的产品支付高额关税吗？难道有人不愿意不受限制地同它的公民进行交流，而宁愿忍受疆界的阻碍吗？”这三个 IAP 结构与听众进行互动和对话，并对上文陈述的内容做了详细的阐述，即只要得克萨斯不加入联邦，就会出现边境战争、支付高额关税、与得克萨斯的公民交流要受限制等状况。听众不用费劲就可得知隐含在该结构中的答语，即“No, there isn’t.”，因为没有人愿意选择对自己不利的情况，谁也不愿意让这种种不利的情形存在下去。可见，这种 IAP 结构的详述型承接方式不仅解释说明了上文内容，也让听众真真切切地意识到得克萨斯加入联邦的重要性，起到了很好的总结话题的功效。再如：

（7）And, now—now—now it’s up to us. Now it’s up to you and to me to make the case to America. And to remind Americans that if they are not happy with all that the President has done so far, they should consider how much worse it will be if he is left to his radical proclivities for another four years unrestrained. Unrestrained.

Now, if—if July—if July brings back Ann Gorsuch Burford—what can we expect of December? Where would—Where would another four years take us? Where would four years more take us? How much larger will the deficit be? How much deeper the cuts in programs for the struggling middle class and the poor to limit that deficit? How high will the interest rates be? How much more acid rain killing our forests and fouling our lakes? (*Mario Matthew Cuomo, 1984 Democratic National Convention Keynote Address, 1984*)

例（7）中的粗体部分为七个IAP结构。与例（6）中IAP结构前面典型的陈述语气相比，例（7）中的这种结构前面虽然也是用陈述语气传递信息，提醒听众大局掌握在广大民众的手中，不过演讲人选用的是一个间接问句“they should consider how much worse it will be if ...”，提醒听众思考：如果让现任政府继续连任，情况将会有多糟糕。在此基础上，演讲人并没有选择平铺直叙的方式承接他所说的内容，而是选用了七个IAP结构对他所提出的间接问句进行详细的阐述。从对“如果Ann Gorsuch Burford七月再回来[1]，接下来的四年将会带我们走向何方”的提问和感叹，到对具体的财政赤字、削减计划、利率甚至酸雨各个方面情况的担忧，这七个IAP结构以一般到具体的方式层层深入，详细论述了上文所述内容，与听众进行互动和对话的同时，诱导听众对这七个问题进行思考，从而更加认同他上文提出的观点。总的来讲，这些问答结构是以详述的方式承接了上文，发挥了很好的总结-诱思功效。例（7）中IAP结构的上文虽然是陈述语气，但它的间接问句形式也或多或少地暗示着这种结构所承接的上文内容也可以以疑问语气的形式出现。这就是4.4.1.2节要探讨的这种结构的解答型阐发关系承接及其功效。

---

［1］Ann Gorsuch Burford于1981—1983年担任Ronald Reagan政府的环境保护协会（the Environmental Protection Agency，简称EPA）的主管。此处提到Ann Gorsuch Burford再回来，意为Ronald Reagan再获胜成为总统。

4.4.1.2 解答型阐发关系

解答型阐发关系承接（以下简称解答型承接）是英语政治演讲语篇中常常出现的另一种阐发关系承接方式，是指一个或多个 IAP 结构通过解释回答 EAP 疑问句承接上文的一种方式。与详述型承接方式不同，当这种结构用于解答型承接时，其上文语篇并不是常规的用于传递信息的陈述句，而是演讲人用于导入新话题的 EAP 疑问句，IAP 结构则通过诱导听众思考的问句形式以问作答，承接该 EAP 疑问句。

解答型承接是一种独特的语篇组织方式，常会出现在英语政治演讲语篇中，在其他语篇类型中很少出现，这也是由这种语篇类型的特点决定的。前面章节中已经反复强调，英语政治演讲语篇具有强互动性和强对话性，并有很强的政治性。强互动性和强对话性的特点促使演讲人尽可能多地选用一些显性的方式与听众互动和对话，而疑问句正是一种最直接的显性表达互动和对话的方式。同时，英语政治演讲语篇的强政治性不仅要求语篇要有很强的逻辑性，而且需要演讲人选取一定的策略来激起听众的情感，从而达到说服听众接受其政治主张的目的。通过选用 IAP 结构承接 EAP 疑问句，可以很巧妙地将演讲人的情感渗入 IAP 结构组织语篇的过程，这样其不仅与 EAP 疑问句构成逻辑关系密切的问答结构，推动语篇信息流的发展，而且也可以自然而然地影响和激起听众的情感，使听众更容易接受演讲人传递的信息，从而起到双重功效。例如：

（8） *Now, how important is this question of the deficit?* Think about it practically: **What chance would the Republican candidate have had in 1980 if he had told the American people that he intended to pay for his so-called economic recovery with bankruptcies, unemployment, more homeless, more hungry, and the largest government debt known to humankind? If he had told the voters in 1980 that truth, would American voters have signed the loan certificate for him on Election Day?** Of course not! That was an election won under false pretenses. It was won with smoke and mirrors and illusions. And that's the kind of recovery we have now as well. (*Mario Matthew Cuomo, 1984 Democratic National Convention Keynote Address, 1984*)

例（8）中同时出现了 EAP 和 IAP 这两种结构，斜体部分是 EAP 疑问句，粗体部分则是 IAP 结构，同时斜体部分与粗体部分共同构成了 EAP 结构。IAP 结构显然是承接着 EAP 疑问句导入的新话题（即财政赤字问题的重要性）出现的，是对 EAP 疑问句的解答。EAP 疑问句和 IAP 疑问句之间的“Think about it practically”只是起到了 Hoey（1983: 140）曾提到的标识语功能。一般来讲，听众会期待着演讲人以陈述的方式传递给他们有关财政赤字问题重要性的相关信息。但是，演讲人此处却选用了两个 IAP 结构，即“如果共和党代表在1980年大选中告诉了美国人民他打算用银行倒闭、失业、更多人无家可归、更多的饥寒交迫及人类史上最大的政府债务等现象为代价去换得他所谓的经济复苏，那么他在那年大选中会有获胜机会吗？如果他在1980年就告诉了选民们那一事实真相，选民们还会在选举日为他签署贷款证书吗？”通过以问作答的特殊形式回答了 EAP 疑问句，并在 IAP 结构后又显性地对隐含在这两个问句中的答语进行了强调。这种解答型承接 EAP 疑问句的方式，诱导听众进行简单思考，从而得出隐含答语，在 EAP 疑问句的基础上又一次加强了与听众的互动和对话，同时激起了听众对时任政府的不满和愤恨情绪。这样，IAP 结构就促进听众不知不觉地接受演讲人意欲传递的信息，接受演讲人的政治观点。假如演讲人并不选用 IAP 结构承接上文 EAP 疑问句，而是选用常规的陈述方式，如例（8’）所示。

（8’）*Now, how important is this question of the deficit?* The Republican candidate would have had no chance in 1980 if he had told the American people that he intended to pay for his so-called economic recovery with bankruptcies, unemployment, more homeless, more hungry, and the largest government debt known to humankind. If he had told the voters in 1980 that truth, American voters would not have signed the loan certificate for him on Election Day. That was an election won under false pretenses. It was won with smoke and mirrors and illusions. And that’s the kind of recovery we have now as well.

与例（8）原文语篇比较，例（8'）除了斜体部分的 EAP 疑问句外，其余部分显得平淡无奇。首先，例(8')的互动性和对话性相对弱了很多。其次，例（8'）中陈述方式的答语不能恰当地把演讲人的情感融入语篇。这样一来，例（8'）就不能有效地激起听众的情绪，演讲人此处要传递的信息和想要强调的政治观点自然就不如例（8）那样更易于听众接受。简单地说，例（8'）这种常规组织语篇的方式在原本要出彩的地方并没有达到应有的效果。可见，例（8）中的 IAP 解答型承接语篇的方式在组织语篇的过程中可以起到独特的功效。再如：

（9）It used to be said that there were three great influences on a child: home, school, and church. Today, there is a fourth great influence, and you ladies and gentlemen in this room control it.

If parents, teachers, and ministers conducted their responsibilities by following the ratings, children would have a steady diet of ice cream, school holidays, and no Sunday school. *What about your responsibilities?* **Is there no room on television to teach, to inform, to uplift, to stretch, to enlarge the capacities of our children? Is there no room for programs deepening their understanding of children in other lands? Is there no room for a children's news show explaining something to them about the world at their level of understanding? Is there no room for reading the great literature of the past, for teaching them the great traditions of freedom?** (*Newton N. Minow, Television and the Public Interest, 1961*)

在例（9）中，演讲人指出电视已经成为影响孩子们的第四大因素（另外三种因素为家、学校和教堂）。针对当前电视这一娱乐行业的现状，演讲人对在场聆听演讲的电视行业代表人物的责任感提出了疑问。这一语篇包含了一个 EAP 疑问句和四个 IAP 结构，分别如例中斜体部分和粗体部分所示。四个

IAP 结构是承接着 EAP 疑问句导入的“你们的责任履行得如何”这一新话题出现的，通过提出四个 IAP 疑问句，即“难道电视就容不下能教育、启迪、鼓舞、拓展孩子们能力的节目了吗？难道就不能给儿童提供一些节目，让他们更加了解其他国家的儿童吗？难道就不能提供儿童新闻节目，用儿童能理解的水平给他们解释周围世界吗？难道就不能为他们提供一些节目，让他们阅读过去的伟大文学作品，将自由传统传递给他们吗？”诱导听众（主要是电视行业的代表人物）简单思考得出答语，即“Yes, there is.”（不，当然有那样的空间。)，从而传递出这样的信息：当前的电视娱乐行业本来可以责无旁贷地做到这四个 IAP 结构提出的要求，但是实际情况是，电视娱乐行业只是一味地追求所谓的收视率，并没有真正为儿童着想。因此，通过选用这四个 IAP 结构承接上文，增强了语篇的互动性和对话性，并且把演讲人想要传递的信息、情感及谴责的意味都表现得淋漓尽致，总结了上文话题的同时，也启发听众深入思考。倘若只是用常规的陈述方式回答 EAP 疑问句，如例（9’）所示。

（9’）... *What about your responsibilities?* You should teach, inform, uplift, stretch, enlarge the capacities of our children.You should offer programs deepening their understanding of children in other lands.You should offer a children’ s news show explaining something to them about the world at their level of understanding.You should offer the chance for children to read the great literature of the past, for teaching them the great traditions of freedom. But you don’ t.

那么，例（9’）的互动性和对话性显然远不如原文语篇那么强，演讲人所传递的情感也远不如原文语篇那么强烈。不仅如此，将 IAP 结构换为陈述句后，大大缩减了听众思考的空间，听众只能被动地接收信息。这种以说教和命令的语气传递信息的方式极易引起听众的反感，影响演讲效果。可见，例（9）选用 IAP 结构以解答型承接上文语篇，可以充分体现英语政治演讲语篇的特点，有利于语篇信息的传递和接受，进而有利于演讲人达到演讲的目的。

4.4.1.3 递进型阐发关系

所谓递进型阐发关系承接（以下简称递进型承接），就是指语篇下文内容以上文内容为基点，并在程度或范围上比上文内容更进一层的阐发关系承接方式。在英语政治演讲语篇中，演讲人常常选用 IAP 结构以递进关系承接上文语篇，从而起到总结–诱思的语篇组织功效。之所以选择这种结构以递进关系承接上文语篇，是因为语篇中的 IAP 结构具有承前力强于启后力的特点，这更加有利于它以上文内容为基点并对上文内容在程度或范围上做进一步拓展，并总结当前讨论的话题。而且，由于该结构的答语是隐含的，它不仅可以突显演讲过程中演讲人与听众的显性互动和对话，而且也可以通过隐含的答语将演讲人所要表达的情感和信息一并传递给听众，从而调动听众的情感，同时也更有利于听众接受此处 IAP 结构传递的综合信息，确保语篇信息流在听众的头脑中顺利发展。例如：

（10）… I think we' re for telling our senior citizens that no one in this country should be denied medical care because of a lack of funds. But I think we' re against forcing all citizens, regardless of need, into a compulsory government program, especially when we have such examples, as was announced last week, when France admitted that their Medicare program is now bankrupt. They' ve come to the end of the road.
In addition, was Barry Goldwater so irresponsible when he suggested that our government give up its program of deliberate, planned inflation, so that when you do get your Social Security pension, a dollar will buy a dollar's worth, and not 45 cents worth? (*Ronald Reagan, A Time for Choosing, 1964*)

在例（10）中，演讲人主要讨论的是有关社会保障的议题。他首先指出，政府不能因为资金缺乏就剥夺老人接受医疗护理的权利，而且政府也不能强迫任何公民加入政府项目。然后，演讲人在此基础上选用了一个 IAP 结构，即“当巴里·戈德华特建议政府放弃已经计划的通货膨胀项目，以保障你们最终得到的社会保障金一美元还是一美元而不是45美分时，难道他是不负责任的表现吗?”总结了有关社会保障的这一议题。该IAP结构的隐含答语为“Barry Goldwater was not irresponsible.”，这是听众经过简单推理就能得出的。IAP结构通过问句形式向听众传递出的断言义很显然要比上文陈述的内容更进一层。而且，在这一结构前面出现的“in addition”这一标识语也表明该结构传递的内容与上文内容之间为递进关系。IAP结构以递进型承接方式总结此处讨论的内容，不仅诱导听众积极思考，而且也使该结构的语义内容与上文语篇衔接更紧密，并通过隐含答语表明了演讲人针对社会保障这一议题的鲜明的政治立场。倘若只以陈述语气承接上文，即“In addition, Barry Goldwater was not irresponsible when he suggested that ...”，不仅不能突出这类语篇的强互动性和强对话性，进而不能调动听众的积极性，而且，这一部分的内容与上文语篇从语义衔接上来讲也显得很突兀，逻辑性不强。因此，相比较而言，IAP结构以递进型承接上文的方式所传递的信息更有利于听众接受，这样也就更容易实现演讲人组织语篇的意图。

4.4.2 归纳关系承接

归纳关系承接也是一种常用的承接上文语篇的方式，体现的是上下文之间的一种分总关系，即下文语篇是在上文语篇的基础上对上文所述内容的一种整体评价或推论。在英语政治演讲语篇中，演讲人常常利用IAP结构答语隐含的特点，在与听众进行显性互动和对话的同时对上文所讨论的内容或话题进行归纳式总结。换句话说，IAP结构可以通过自身隐含的答语对上文相关内容进行整体的评价或推理得出一定的结论，从而承接并总结当前讨论的话题。根据IAP结构在英语政治演讲语篇中归纳方式的不同，归纳关系承接大体可以分为评价型归纳关系和推导型归纳关系两类。

4.4.2.1 评价型归纳关系

所谓评价型归纳关系承接（以下简称评价型承接），是指在英语政治演讲语篇中，演讲人选用IAP结构对上文所述内容进行评价从而总结当前话题的一种承接方式。这种承接方式是演讲人运用IAP结构组织语篇时的常用方式。

这是因为，首先，这种结构通过显性的提问方式可以在毫无察觉的情况下诱导听众积极地思考，这迎合了英语政治演讲语篇的强互动性和强对话性的要求。当然，这一点应该是问答结构的共性，问答结构的另一类型——EAP结构也具有这一特点。其次，这种结构虽然不像EAP结构那样将答语显性地呈现，但它还是有隐含答语的，而且答语之中也常常蕴含着演讲人比较强烈的态度、情感和评价。正是这一点为IAP结构常常以评价型方式承接上文、总结上文话题提供了理据。例如：

（11）We—We have in the last few years spent more than we can afford. We have pounded our chests and made bold speeches. But we lost 279 young Americans in Lebanon and we live behind sand bags in Washington. **How can anyone say that we are safer, stronger, or better?** (*Mario Matthew Cuomo, 1984 Democratic National Convention Keynote Address, 1984*)

在例（11）中，演讲人首先指出当时的一些实际状况，即“在过去几年中我们的花费已经超出了我们负担的能力，我们也做了多次慷慨激昂的演讲，但是我们在黎巴嫩失去了279名年轻的美国同胞，我们在华盛顿过着风声鹤唳的生活”。随后，演讲人选用了一个IAP结构“谁能说我们现在比以往更加安全，更加强壮，生活过得更好呢？”承接了上文讲述的实际情况，以问句的形式与听众进行显性的互动和对话，诱导听众思考，答语在上文的基础上已经很明显，即“我们现在并不比以往更加安全，更加强壮或生活过得更好”。更重要的是，通过这个IAP结构，演讲人以强烈的语气向听众释放了他的愤怒情绪，以及他本人对当时状况的评价，即时任政府只是一味标榜自己，而不是真正地为人民谋福利。如果此处演讲人选用一个陈述句“Nobody can say that we are safer, stronger, or better.”，虽然也是对上文讲述内容的总结，但与听众的互动性和对话性相比原语篇中的IAP结构就会弱很多。而且，陈述语气也不能恰当地把演讲人此时的愤怒情绪和强烈的否定评价传递给听众，从而造成信息的缺失。由此可知，IAP结构以评价型承接方式对上文语篇进行总结评价可以向听众传递更多的隐含信息，有助于演讲人实现演讲意图。

4.4.2.2　推导型归纳关系

除了最常见的评价型承接外，还有一种比较重要的归纳关系承接方式——推导型归纳关系承接（以下简称推导型承接）。这种承接方式是指在英语政治演讲语篇中，演讲人选用 IAP 结构在上文所述内容的基础上进一步延伸，从而以推论的方式总结归纳当前的话题。这种承接方式与评价型承接方式的主要不同之处为：IAP 结构以评价型承接上文语篇时，是演讲人针对上文信息所表达的一种观点和态度；而该结构以推导型承接上文语篇时，是语篇所传递的信息或思想观点顺应着上文内容的进一步拓展。例如：

（12）Another and perhaps the most important frontier: Television will rapidly join the parade into space. International television will be with us soon. No one knows how long it will be until a broadcast from a studio in New York will be viewed in India as well as in Indiana, will be seen in the Congo as it is seen in Chicago. But as surely as we are meeting here today, that day will come; and once again our world will shrink.
What will the people of other countries think of us when they see our western bad men and good men punching each other in the jaw in between the shooting? What will the Latin American or African child learn of America from this great communications industry? (*Newton Minow, Television and the Public Interest, 1961*)

例（12）是演讲人关于电视和公众利益这一话题所做演讲的一部分。在这一语篇中，演讲人指出随着科技的发展，电视这一行业也将国际化，在不久的将来本国的电视节目也会被世界各地的人们所观看，世界将会因此而进一步缩小。在讲述完这些内容后，演讲人选用了两个 IAP 结构承接了所讲述的内容，但这两个 IAP 结构并不是针对电视节目会国际化、世界会因此而缩小这一陈述内容的评价，而是在上文所述内容的基础上，通过提出的问题“当其他国家的公民（通过电视节目）看到我们西方的好人和坏人之间互相残杀的暴力场面他们会怎样评价我们？通过这一伟大的通信行业，拉丁美洲或非洲的孩子从美国能学到些什么？”与整篇大演讲的主题，即指责美国当前电视行业不顾及电视观众真正的利益而是一味地以暴力、低级趣味的节目追求收视率，很好地结合起来，从而不仅与听众进行显性互动和对话，诱导听众思考，而且也是对上文语篇的进一步延伸，是对演讲人整个演讲主旨的进一步论证。如果此处不选用IAP结构以推导型承接上文语篇，而只是以陈述语气“The people of other countries will think bad of us when they see … The Latin American or African child will learn something bad of America from this great communications industry.”承接上文，那么由于此处不能很好地表达出演讲人的情感及与听众的强互动和对话，不能调动听众积极思考和参与，它与上文语篇的衔接性给听众的感觉就会稍弱一些，语篇信息的流动就会不太通畅，这些自然都会影响整个演讲语篇主旨的论证效果。可见，IAP结构以推导型承接语篇的方式可以起到很好的总结归纳功效。

4.4.3 比较关系承接

所谓比较关系承接，是指在英语政治演讲语篇中，IAP结构通过与上文内容进行比较的方式发生联系，诱导听众思考的同时总结当前讨论的话题。这也是IAP结构在发挥总结–诱思功能时承接上文语篇的常用方式之一。这主要是因为，比较是人们认识事物之间异同的主要方式。通过比较，我们可以得知某一事物与另一事物的相同点；通过比较，我们也能明晰某一事物与其他事物的不同之处，从而有助于认清该事物的本质。英语政治演讲语篇中也是如此。

演讲人在组织语篇时，可以利用比较的方法将某一信息清楚有效地传递给听众。比较可以通过不同的句式体现，运用IAP结构与上文进行比较从而承接上文是其中一种较好的选择，原因主要有以下三点：第一，该结构可以显性地增强这类演讲语篇的互动性和对话性，听话人根据问–答一体性，在思考答语的同时就已经不知不觉地参与到互动和对话中；第二，一般来讲，该结构的隐含答语及渗入其中的演讲人的情感并不需要听众付出太多的努力就能推出，既能保证演讲人意欲表达的信息能够最大限度地传递给听众，也能保证听众有足够的时间接收下文信息，这样可以确保整个语篇信息流在输出和输入的过程中都不会中断；第三，IAP 结构以比较的方式承接上文，有助于听众透过现象看本质，看清所比较内容的异同、优劣等，从而体现语篇论证过程的严谨性，满足英语政治演讲语篇的强逻辑性的需求。例如：

（13）By way of conclusion, let me say that every elected leader in the United States depends on these men of the media. Whether what I've said to you tonight will be heard and seen at all by the nation is not my decision; it's not your decision—it's their decision.

In tomorrow's edition of the Des Moines Register, you'll be able to read a news story detailing what I said tonight. Editorial comment will be reserved for the editorial page, where it belongs. **Should not the same wall of separation exist between news and comment on the nation's networks?** (*Spiro Theodore Agnew, Television News Coverage, 1969*)

例（13）是美国第39任副总统 Spiro Agnew 针对当时电视新闻报道存在弊端这一现象所做演讲的一部分。在例（13）中，演讲人强调了媒体对于美国每位领导的重要性，并指出，他这次所做的演讲次日能否为民众所知是由媒体负责人掌控的，《得梅因纪事报》会将演讲内容详细告知民众，并在编辑页面进行评论。这种报道内容与社论分离的报道方式是演讲人较为认可的。紧接着，演讲人选用一个 IAP 结构“难道在国家电视新闻报道中就不应该将新闻和评论这两部分分开吗?”承接了上文，诱导听众思考的同时总结了这一部分的内容，即新闻和评论这两部分在任何形式的报道中都应该分开。显然，例（13）中的 IAP 结构与上文语篇之间是一种类比的关系，报纸和电视是人们获取新闻信息的两个重要渠道，既然报纸可以做到将新闻和评论两个部分分开呈现给读者，那么电视自然也应该做到将这两部分分开。此处 IAP 结构以比较方式承接上文，在增强这一政治演讲语篇的互动性和对话性的同时，使听众认清了这一事实：当前电视新闻报道行业的所作所为误导民众，只有要求电视新闻报道行业的负责人将报道内容和评论分开才能客观地将事实反映给观众，才是尊重观众的一种表现。这也正是演讲人此次演讲的目的所在。可见，演讲人通过选用 IAP 结构以比较关系承接上文可以有效地组织语篇，从而顺利达到演讲的目的。再如：

（14）We must act today in order to preserve tomorrow. And let there be no misunderstanding—we're going to begin to act beginning today. The economic ills we suffer have come upon us over several decades …

In this present crisis, government is not the solution to our problem; government is the problem. From time to time we've been tempted to believe that society has become too complex to be managed by self-rule, that government by an elite group is superior to government for, by, and of the people. **But if no one among us is capable of governing himself, then who among us has the capacity to govern someone else?** (*Ronald Reagan, First Inaugural Address, 1981*)

在例（14）中，演讲人指出美国当前存在着种种经济弊端，并认为政府并不是解决这一问题的依靠对象，而是问题根源所在。在解释他持有此观点的原因时，演讲人首先陈述了目前一些人的观点和主张："我们会不时地试图相信，社会的复杂性已使人民自治变得很困难，一个精英团体组成的政府优于民享、民有和民治的政府。"之后，演讲人选用了一个 IAP 结构，即"如果我们当中没有人有能力管理好自己，那么我们当中又有谁会有能力管理好其他人呢？"与上文语篇所表达的内容相对照，将语篇所表达的内容转向上文语义内容的相对面。演讲人通过这一结构向听众提出互动和对话"邀请"，诱导听众对当前讨论的内容积极思考，从而否定或放弃演讲人先陈述的观点或主张，接受该结构所表达的意义，即隐含于问句中的答语"如果我们当中没有人有能力管理好自己，那么我们当中没有谁会有能力管理好其他人"。这样，IAP 结构通过与一些人的观点进行比较总结了上文话题，证明了演讲人的观点，即政府才是问题所在，而一些人想要利用精英团体组成的政府代替民享、民有和民治的政府从而解决危机的思想从根源上就是不对的。

4.5 篇尾IAP结构的独特性[1]

语篇可以看作自发话人向受话人传递的一股连续的信息流（陈平 1991: 187），从语篇伊始到语篇末端，反映着整个信息流的传递过程。讲话人采取各种策略组织语篇，从而确保整个信息流的传递过程和传递方式能够按照他/她的意图发展，顺利完成信息传递任务。在常规的语篇信息流的传递过程中，一般来讲，位于篇尾的信息，作为信息流的末端，意味着信息传递的终结，其后不再有信息，通常以非疑问句形式结束语篇，这是因为陈述句会给听众/读者一种完结的感觉，而疑问句则是用于寻求信息。但是，在英语政治演讲语篇中有时会出现一种独特的现象：在演讲即将结束时，演讲人会选用一个或多个IAP结构给听众提供思考的空间，这同时又是对整个演讲语篇的一种巧妙的总结。英语政治演讲语篇中的IAP结构隐含的答语存在两种情况：一种是通过对上文演讲语篇的回顾推论得知的答语，另外一种则是根据常识简单推理就能得知的答语。这两种情况虽然都可以出现于语篇末端，但在组织语篇方面稍有不同，主要表现为总结-延续型和总结-突显型两种组织方式。

4.5.1 总结-延续型

所谓总结-延续型，是指英语政治演讲语篇中位于语篇末端的IAP结构以诱导听众思考的提问方式对上文语篇所传递的信息进行总结，同时也以这种方式延续语篇的空间。以这种方式组织语篇的IAP结构的答语常常是可以从上文语篇推知的。例如：

（15）As I said more formally a moment ago, we are remote from the scene of these troubles. It is virtually impossible at this distance merely by reading, or listening, or even seeing photographs and motion pictures, to grasp at all the real significance of the situation. And yet the whole world

[1] 本节内容及观点作为前期成果已被刊发，详见杜娟（2015c: 22-24）。

of the future hangs on a proper judgment. It hangs, I think, to a large extent on the realization of the American people, of just what are the various dominant factors. ***What are the reactions of the people? What are the justifications of those reactions? What are the sufferings? What is needed? What can best be done? What must be done?***

Thank you very much. (*George C. Marshall, The Marshall Plan, 1947*)

例（15）是 Marshall 做的题为 *The Marshall Plan* 的演讲结尾部分，其中粗体部分的六个 what 引导的特殊疑问句之间表现为递进关系，从对人们的反应是什么，反应的理由是什么，到都有哪些痛苦，需要做什么，再到最好可以做什么及必须做什么，层层深入。乍一看会让人觉得演讲人此处只是向听众提出一些常规的问题，并未给出答语。但是，众所周知，演讲人在组织演讲尤其是这种公众政治演讲时，说出的每一句话、选用的每一个句式都是有其意图的，是经过深思熟虑的。Marshall 做的这篇演讲自然也不例外。从演讲开始到演讲结尾部分，演讲人都是在围绕着他所制定的马歇尔计划展开的，并在演讲最后指出，将来的世界取决于美国人民是否能意识到目前最关键因素的重要性。演讲人最后提出的六个疑问句既是顺应着相邻语句“It hangs, I think, to a large extent on the realization of the American people, of just what are the various dominant factors.”出现的，同时又是承接着整个语篇传递的信息出现的。这六个疑问句的答语内容其实已经隐含在上文对当时国际形势的分析之中。并且，演讲人认为，这些答语内容是听众根据他对当时形势的分析应该会得出的。因此，这六个 what 引导的特殊疑问句都是 IAP 结构。根据整篇演讲的内容及演讲意图，可推知这六个 IAP 结构的答语应为：

Even though the US country will suffer some economic loss or other, the American people should truly reach some general understanding of what the complications really are, and try to support the US government's action to alleviate the situation in Europe and help start the European world on its way to recovery, because only by doing so can the US country and the whole world enjoy political stability and assured peace.

可见，这六个 IAP 结构对整篇演讲起到了很好的总结作用，作为整个语篇的信息峰点，既与听众进行了互动和对话，诱导听众思考，又向听众点明了演讲人的意图和期望。同时，虽然演讲伴随着这六个 IAP 疑问句的提出结束了，但实际上，语篇信息流在听众的头脑中并未结束，这些问句仍然在诱导听众认真思考，听众通过对整个演讲语篇所传递信息的回顾，试图回答它们，从而完成整个互动和对话过程。所以，这些 IAP 结构起到总结语篇作用的同时，也延续了语篇的空间。从某种意义上讲，演讲人此处不仅运用承前性策略使位于篇尾的这种结构承接了上文相邻语句及上文整个语篇，而且，也巧妙地运用了 IAP 结构的启后力，推动了形式上结束的语篇信息流在听众头脑中的继续发展。至于演讲人的演讲意图是否能实现，听众是否按照演讲人的提问意图推出这些问句的答语，这很难掌控，因为“尽管演讲人企图用各种策略同听众对话，意欲达到演讲目的，但听众仍有可能会对他们持敌对或批判态度，并不接受他们的观点”（Mills 1996: 245）。演讲人能做的就是综合考虑听众的社会阶层、个人政治倾向等因素，尽可能有效地组织语篇，说服更多的听众。这一点也正说明了演讲人有效组织演讲语篇的必要性。再如：

（16）If the impeachment provision in the Constitution of the United States will not reach the offenses charged here, then perhaps that 18th-century Constitution should be abandoned to a 20th-century paper shredder.

Has the President committed offenses, and planned, and directed, and acquiesced in a course of conduct which the Constitution will not tolerate? That's the question. We know that. We know the question. We should now forthwith proceed to answer the question. It is reason, and not passion, which must guide our deliberations, guide our debate, and guide our decision.

I yield back the balance of my time, Mr. Chairman. (*Barbara Charline Jordan, Statement on the Articles of Impeachment, 1974*)

例（16）是 Barbara Jordan 针对时任总统是否应该被弹劾一事所做演讲的结尾部分。一般疑问句“Has the President committed offenses, and planned, and directed, and acquiesced in a course of conduct which the Constitution will not tolerate?”（总统是否犯了一些罪行，计划、指导和默许了一些宪法无法容忍的行为呢?）是一个 IAP 疑问句。虽然例中的一般疑问句后面没有答语，并且演讲人一直强调他和在场的听众要以理智而非激情来回答这一问题，但实际上，演讲人通过整篇的演讲已经回答了这一问句，即“Yes, he has.”——总统的确已经犯了一些宪法无法容忍的过错。与例（15）相比，从上文语篇中推知这一 IAP 疑问句的答语并不需要听众付出很多的努力，因为演讲人的立场很明确，并且该问句的答语是封闭型的，可选项较少，只有“是与不是”之分，比较容易做选择。出现在语篇末尾的这个 IAP 结构虽然不能像 EAP 问答结构那样通过显性答语继续发展语篇，但它是对通篇演讲的一个总结，诱导听众针对所提出的问题进行思考，通过回顾演讲内容得出隐含的答语。这样，虽然形式上演讲结束了，但实际上，由于此问句的出现，该演讲在听众的头脑中并未结束，听众仍在努力地通过回顾演讲内容来推导答语。因此，这一 IAP 结构以总结-延续型方式组织语篇，起到了独特的功效。（杜娟 2015b: 47）

4.5.2 总结-突显型

当演讲人选用 IAP 结构组织英语政治演讲语篇时，倘若将该结构置于篇尾，并且其隐含答语根据常识就可推知，那么该 IAP 结构组织语篇的方式一般表现为总结-突显型。换句话说，总结-突显型是指当演讲人在即将结束演讲时，选用 IAP 结构以问句的形式对上文语篇进行总结，并起到画龙点睛的作用。这是英语政治演讲语篇，尤其是就职演讲语篇的结尾部分常常选用的一种组织语篇方式。例如：

（17）The crisis we are facing today does not require of us the kind of sacrifice that Martin Treptow and so many thousands of others were called upon to make. It does require, however, our best effort, and our willingness to believe in ourselves and to believe in our capacity to perform great deeds; to believe that together, with God’s help, we can and will resolve the problems which now confront us.

And, after all, why shouldn’t we believe that? We are Americans. God bless you, and thank you. (*Ronald Reagan, First Inaugural Address, 1981*)

例（17）中的粗体部分是一个 IAP 结构，其答语隐含在问句之中，即 “we should believe that”。这是 Ronald Reagan 第一次就职演讲的结尾部分。一般来讲，在就职演讲时任职人会向听众传达他的政策、主张及他对听众的要求和期望，同时也会激励听众执行他的决策，按照他的要求去做。例（17）中的 IAP 结构是承接着上文语篇自然出现的。上文先指出面临的危机，他和听众要“愿意相信自己，相信有能力完成伟大的事情，相信在上帝的帮助下能够也将会解决目前面临的危机”。然后，演讲人以“为什么我们不该相信呢？”这个隐性答语句结束整个演讲语篇，其隐含的答语为“我们应该相信（有能力克服目前所面临的危机）”。后面紧接着给出的 “We are Americans.” 并不是该问句的答语，只是用来为听众增强信心和自豪感，否则传递出的信息为“我们不该相信，因为我们是美国人”，这是与演讲人的意图完全相悖的。位于语篇末尾的这个 IAP 结构是对上文语篇的一个很好的总结并具有突显信息、画龙点睛的功效。该结构在上文语篇提出主张和期望的基础上，以传递出的信息“我们应该相信，（因为）我们是美国人”激起了听众的民族自豪感，增强了听众的自信心，听众自然会更愿意支持和跟随演讲人，按照他的要求去做。显然，演讲人以这样的点睛之笔总结全文，更加有助于实现这次就职演讲所要达到的目标。再如：

（18）This is not a day of triumph; it is a day of dedication. Here muster, not the forces of party, but the forces of humanity. Men's hearts wait upon us; men's lives hang in the balance; men's hopes call upon us to say what we will do. **Who shall live up to the great trust? Who dares fail to try?** I summon all honest men, all patriotic, all forward-looking men, to my side. God helping me, I will not fail them, if they will but counsel and sustain me! (*Woodrow Wilson, First Inaugural Address, 1913*)

例（18）是 Woodrow Wilson 第一次就职演讲的结语部分。演讲人通过选用两个 IAP 结构“谁可以不辜负这么伟大的信任呢？谁敢不去竭力尝试呢？”以显性互动和对话的形式承接上文语篇信息结束演讲，其隐含答语：“我不会辜负这么伟大的信任。我一定会尽我所能。”这两个 IAP 结构既衬托出广大民众在演讲人及他所代表的政党心目中地位之高，也向民众表明了自己不敢也不会让大家失望的决心。这也正是演讲人就职演讲时想要向听众传递和强调的信息，因为，演讲人深知大众就是“上帝”，只有抓住了广大民众的心，激起他们的热情，演讲人所持有的立场和观点才有可能得到民众的认可和支持，其所代表的政党才有可能长盛不衰。可见，演讲人在演讲结尾部分通过使用 IAP 结构不仅起到了总结整个语篇的作用，而且以点睛之笔让听众的情绪高涨到最高点。以总结–突显型组织方式结束演讲语篇，这也是英语政治演讲语篇的特点，尤其是政治性特点使然。

4.6 IAP 结构启后力的补充说明

第二章已经指出，演讲人选用问答结构组织政治演讲语篇时，该结构承前的力量和启后的力量是不同的。由于 IAP 结构具有答语隐含的特点，同时又具有提问和断言的双重特征，因此，它与上文语篇在语义和结构上会更加紧密，其承前力要强于它的启后力。演讲人常常选用 IAP 这种结构诱导听众思考，对上文讨论的内容进行总结。本章4.4节和4.5节对 IAP 结构具有的总结–诱思功能进行了深入的探讨。但讨论的内容是以默认这种结构重在承前为基础的，并未提及这种结构的启后力。那么，IAP 结构到底有没有启后力，或者说，它的启后力的程度如何呢？鉴于这一点涉及该结构与它的下文语篇之间的关系，在这里有必要进行一个补充说明。

具有总结–诱思功能的 IAP 结构的启后力弱于承前力，它可以表现为两种状态。一种是启后力为零，即下文讨论的是另一个新话题，只与演讲主题相关，但与疑问句的断言义无关。另一种是启后力相对较弱，即下文内容只是顺应 IAP 结构的断言义出现的，但讨论的是另一个相关话题，与 IAP 结构不在一个语段内。这两种情况分别如例（19）和例（20）所示。

（19） I spoke thus to an audience in New Britain, Connecticut, and a lady four seats back went home and tried to take off her collar, and the collar-button stuck in the buttonhole. She threw it out and said,"I am going to get up something better than that to put on collars."... Notwithstanding the greatness and the handsomeness of your compliment to-night, I do not believe there is one in ten of you that is going to make a million of dollars because you are here to-night; but it is not my fault, it is yours. I say that sincerely. **What is the use of my talking if people never do what I advise them to do?** When her husband ridiculed her, she made up her mind she would make a better collar-button, and when a woman makes up her mind "she will," and does not say anything about it, she does it. (*Russell Conwell, Acres of Diamonds, Delivered over 5000 times at various times and places from 1900—1925*)

在例（19）中，演讲人在讲述一个普通女子如何成功的例子的过程，加入了他的一些感悟。他指出，尽管听众对他的演讲报以热情的态度，但很少有人真的会在他的演讲的影响下挣到大钱，但错不在他，而在听众本人。并运用一个 IAP 结构 "What is the use of my talking if people never do what I advise them to do?"（如果人们从不按照我的建议去做，那么我的演讲又能起到什么作用?）与听众展开互动和对话，以诱导听众思考的方式对他这一段的感悟进行了总结，即"如果人们从不按照我的建议去做，那么我的演讲不会起到任何作用"。接下来，演讲人就继续叙述他给听众讲的那个例子。因此，此处的 IAP 结构的启后力为零，下文的内容与它没有什么关联，只是接续 IAP 结构所在语段之上的一个话题。

（20） Now, for decades, we and the Soviets have lived under the threat of mutual assured destruction; if either resorted to the use of nuclear weapons, the other could retaliate and destroy the one who had started it. **Is there either logic or morality in believing that if one side threatens to kill tens of millions of our people, our only recourse is to threaten**

killing tens of millions of theirs?

I have approved a research program to find, if we can, a security shield that would destroy nuclear missiles before they reach their target. It wouldn't kill people, it would destroy weapons. It wouldn't militarize space, it would help demilitarize the arsenals of Earth. It would render nuclear weapons obsolete. We will meet with the Soviets, hoping that we can agree on a way to rid the world of the threat of nuclear destruction. (*Ronald Reagan, Second Inaugural Address, 1985*)

在例（20）中，演讲人指出多年来美国与苏联都威胁彼此要相互毁灭，如果一方使用核武器，另一方也会以牙还牙，用核武器报复和毁灭对方。紧接着，演讲人顺应语篇提出了一个 IAP 结构“难道相信如果一方威胁要杀害我们数以百万计的人民，我们唯一的办法就是威胁也要杀掉他们数以百万计的人民，这有逻辑和道德可言吗？”答语虽然隐含在问句之中，但很容易就能得知，即这没什么逻辑和道德可言。这样，演讲人通过运用这种结构以评价型承接方式总结上文语篇，不仅体现了语篇的强互动性和强对话性，而且也将他的评价传递给听众，使听众经过简单思考就能认同他的评价内容，即美国与苏联相互威胁的方式是没什么逻辑和道德可言的。在 IAP 结构的基础上，演讲人告诉听众他已经批准了一个研究项目，用于研究不会伤害人民只会拦截和毁坏核武器的防护措施。这样，通过 IAP 结构就顺利地过渡到演讲人想要向听众传递的另一个相关的话题上。也就是说，该结构在这一语篇中主要起到了总结–诱思的承前功能，与上文内容关系最为密切，同属于一个语段。同时，它也有一定的启后力，使下文语篇在它的基础上过渡到另一个相关的话题并展开讨论。

4.7 小结

本章对英语政治演讲语篇中问答结构的总结–诱思功能进行了详细的探讨。一般情况下，问答结构的类型之一——IAP 结构能够具有这种语篇功能，这是因为只有这种结构才能同时满足必需的四个条件：总结-被总结关系、承前力强于启后力、充当语段新信息以及当前话题完结。在组织英语政治演讲语篇时，演讲人常常选用这种结构，诱导听众思考，利用其隐含的答语对上文语篇进行总结。本章通过对 IAP 结构与政治演讲语篇的特征关联性的分析，说明了问答结构在这类语篇中的存在，是二者相互作用和相互适应的结果。

表 4.1　总结-诱思功能的前提条件、模式类型及实现方式

<table>
<tr><th>功能</th><th>前提条件</th><th>模式类型</th><th>实现方式</th></tr>
<tr><td rowspan="2">总结-诱思</td><td rowspan="2">总结-被总结关系；
较强的承前力；
充当语段新信息；
上文话题完结</td><td rowspan="2">答语隐含型</td><td>阐发关系：详述型、解答型、递进型；
归纳关系：评价型、推导型；
比较关系</td></tr>
<tr><td>篇尾的独特性：总结-延续型、总结-突显型</td></tr>
</table>

IAP 结构在语篇中表现出来的模式类型比较单一，只有答语隐含型一种，但这种类型在英语政治演讲语篇中可以表现出不同的特点：IAP 结构既可以位于篇中，也可以位于篇尾；它不仅可以单独存在，而且多个该结构同时存在的现象也很常见；此外，这种结构的答语虽然是隐含的，但也存在不少带有显性答语的 IAP 结构，显性答语只是对隐含答语的重复和强调。答语隐含型只是对具有总结-诱思功能的问答结构在语篇中体现形式的描写和总结。在综合考虑各种因素，如 IAP 疑问句的特点、政治演讲的两大任务及总结方式等的基础上，本章对 IAP 结构与其上文之间的语义关系进行了深入探讨。研究发现，在英语政治演讲语篇中，这种结构通过提问诱导听众思考，并以不同的方式承接上文语篇信息，从而完成对上文讨论内容的总结。主要的承接方式有阐发关系承接（包括详述型承接、解答型承接和递进型承接）、归纳关系承接（包括评价型承接和推导型承接）和比较关系承接等三大组织方式，当然语料中偶尔还会出现如因果型、并列型等不是特别常用的组织方式。此外，篇尾出现的 IAP 结构在组织语篇时有其独特之处：当这种结构的隐含答语从上文语篇可以推知时，它以总结-延续型方式组织语篇；当这种结构的隐含答

语根据常识可以推知时，则以总结-突显型方式组织语篇。问答结构总结-诱思功能的前提条件、模式类型及实现方式如表4.1所示。总而言之，当演讲人运用 IAP 结构组织政治演讲语篇时，该结构所起到的总结-诱思功能是演讲人充分采取承前性策略的结果。

第五章
问答结构的框定功能

第三章和第四章在语段层面讨论了英语政治演讲语篇中问答结构的导入-详述功能和总结-诱思功能。那么该结构在更高语篇层面会起什么功能？或者说，在英语政治演讲语篇中，由问答结构组成的语段与语段间会有什么关系？本章将重点探讨问答结构间是如何相连、相关，共同构建整个演讲语篇框架的。

从高于语段的层面上看，英语政治演讲语篇中的问答结构可以起到框定功能（见2.2.3.2节的分析）。所谓框定功能，就是指在这类语篇中，演讲人通过选用一些问答结构，提示听众他所要传递的信息主要包括哪几部分，从而构建出整个语篇的框架。这种结构中的问句导入的是演讲人想要重点讨论的话题，分别做各自所在语段即问答结构的语段主位，而且这些语段主位都属于 McCarthy 和 Carter（1994: 71）区分的基于话题（topic-based）的主位[1]。这样，这些基于话题的主位就可以共同框定整个语篇框架，并通过各个对应的语段述位即答语部分对各个话题进行详述，从而突显该语篇要重点传递的信息。换言之，问答结构的框定功能是演讲人自上而下通过选用这种结构对语篇整体的构思，体现的是语篇不同部分之间的关系。本章5.1节将讨论问答结构的框定功能需具备的前提条件。5.2节将讨论这种结构的框定功能优势，即相对于其他组织语篇的手段，选用问答结构构建语篇框架的优势。5.3节将描述具有框定功能的问答结构在英语政治演讲语篇中表现出来的模式类型。在

[1] McCarthy和Carter（1994: 71）区分了两种类型的主位：交互性（interactional）的主位和基于话题（topic-based）的主位。一般来讲，如果一个主位包含用于特指信息传递人或信息接收人的词或短语，那么该主位是交互性的主位；如果一个主位包含特指话题某一方面的词或短语，那么该主位是基于话题的主位。

此基础上，5.4节将重点分析问答结构框定语篇构架的主要方式，即框定功能的实现方式。5.5节总结本章的主要内容。

5.1 框定功能的前提条件

5.1.1 语篇层级性

问答结构若要具有框定功能，语篇层级性是其前提条件之一。这包含两个方面的论证：第一，层级发展是不是语篇信息的一种发展方式；第二，英语政治演讲语篇是不是层级性语篇。

绝大部分学者对语篇研究时都以语篇层级性为基础。Hoey 在进行语篇分析时提出的一个假设就是语篇和语篇片段“至少部分是以层级方式组织起来的”（Hoey 1983: 32）。Mann 和 Thompson（1988）的修辞结构理论是以语篇结构是层级结构为前提提出的，“修辞结构理论识别语篇的层级结构。用功能术语描写语篇各部分间的关系”（Mann & Thompson 1988: 243）。该理论认为，语篇是由两个基本单位组成一个较大单位，该较大单位再与另一单位结合成更大的单位，如此推进而构成的。van Dijk（1977, 1980, 1985）提出的宏观结构理论也是从层级角度看语篇，他认为语篇存在一个总体的且是层级性的结构关系。Mann、Thompson 和 Matthissen 提出了语篇的层级性分析方法，即语篇以这样的方式组织：基础的部分组合成较大的部分，后者又组合成更大的部分，直到形成整个语篇的级别（Mann, *et al.* 1992）。具体来讲，语篇中小句与小句之间的关系紧密程度是不同的，有些小句在语义上更紧密一些，进而可以构成一个更大的语义单位——语段。而这一语段又可能成为另一个更高一级的单位如更大的语段或语篇的构成成分。这样整个语篇的层级性由低到高就体现为小句层–语段层–更大的语段层…… –整个语篇，较高层面的单位由较低层面的单位构成。廖秋忠（1992）分析了篇章管界问题，认为篇章管界就是篇章的局部结构，并同时指出，篇章结构就是由这样的局部片段按层次组织起来的。张德禄（1998）指出，语篇的多层次性是语篇的固有特征。黄国文（1988）对句组概念的阐释、杨一飞（2011）对结构块概念的界定也都是以语篇具有层级结构这一特征为前提的。

Martin和Rose（2003）认为，语篇信息发展的两种常见方式为格律层级[1]（hierarchy of periodicity）和序列扩展（serial expansion）。格律（periodicity）用于捕捉信息流动的规律（to capture the regularity of information flow），即信息流的波峰形成某种规律的倾向性以及信息波的层次结构形成一种可预测的节奏的倾向性（Martin & Rose 2003: 176）。以Halliday（1985）在小句层面上提出主位/述位和已知/新信息为基础，Martin（1992）以及Martin和Rose（2003）认为，语篇中主位和新信息是有层级之分的，从低级到高级，主位分别体现为句子层面的小句主位，段落层面的超主位，以及可以预测超主位的语篇层面的宏观主位；同样，新信息也有小句新信息、超新信息和宏观新信息之分。语篇中主位和新信息的层级可以用第二章的图2.3[2]体现。该层级图表明，主位的各个层次建构语篇的发展，宏观主位、超主位和小句主位之间表现为预测和被预测的关系；而新信息的层次则发展语篇的峰点，小句新信息、超新信息和宏观新信息是新信息不断累加的过程。Martin和Rose还明确指出，格律层级是一种展开语篇的过程，并不是一种严格地将部分连接为整体的结构，它以不同层次的主位和新信息告诉我们语篇信息来自何方及要往哪里去（Martin & Rose 2003: 186）。除了这种用宏观主位和超主位来预测语篇所处阶段的格律层级方式，序列扩展是另外一种展开语篇的方式。它与格律层级最主要的不同之处为：序列扩展更多的是一种链接策略（Martin & Rose 2003: 186）。也就是说，语篇在上文信息的基础上推动信息流发展时，并不需要通过高一级的主位预测，而是以序列顺序添加信息的[3]。

章振邦（1997）也持类似的观点，他认为语篇结构大体可分为线性结构（Linear Structure）和层次结构[4]（Hierarchical Structure）两种。他认为，对话

[1] 此处借鉴常晨光（2008: 103）的译法。

[2] 图2.3为抽象书面语篇中三明治语篇组织图，但它同时也反映了语篇组织的层级性。

[3] Martin和Rose（2003: 187）以Tutu（1999: 47-48）为例对序列扩展进行了清晰的解释。

[4] 所谓线性结构，就是句与句之间或者语段与语段之间在逻辑意义上不存在主从关系或层次问题，即话语进程基本上是直线发展的（章振邦 1997: 1599-1600）。所谓层次结构，就是指构成语篇的句子或者语段相互之间在逻辑意义上存在着主从关系，如解释、因果或总分关系等。也就是说，这些句子或语段不在同一平面上，而是在不同的层次上（章振邦 1997: 1603）。

语体大部分属于线性结构，而书面语体通常属于层次结构，并且指出判断一个语篇是否组织有序，就要看句与句、语段与语段以及段落与段落之间是否能做到层次分明（章振邦 1997: 1609）。对于对话体大部分属于线性结构这一论断已为学者们普遍接受，因为对话显然就是对话双方按照时间顺序线性地发展语篇。而对于书面语体通常属于层次结构这一论断，Martin 和 Rose 有不同的看法。他们认为，格律层级和序列扩展都是使语篇得以展开的动态资源，它们是语篇发展的两个互补的策略（Martin & Rose 2003: 190）。也就是说，书面语篇应是层次结构和线性结构的结合体。

综合以上各个学者的观点，我们认为，绝大多数语篇的展开应是格律层级和序列扩展两种方式共同作用的结果，只是根据语篇类型和特点的不同，这两种方式在语篇中所起的作用有所不同。接近于对话体语篇的语篇类型中序列扩展起主要作用，当然并不排除有些对话体以纯粹的序列扩展方式展开。而书面体语篇的特点越强，格律层级的特点就表现得越明显，当然也并不排除单用格律层级这一种方式展开语篇的用例，如某些非常正式严谨的法律文献等。英语政治演讲语篇是一种特殊类型的语篇，兼口语和书面语的特点为一体，既强调语篇的互动性和对话性，也重视语篇的逻辑严谨性。这类语篇具有很强的政治性，演讲人要通过充分而严密的逻辑论证讲给听众，使听众接受并支持他本人或其所代表的政党的政治观点和立场。从这一点看，英语政治演讲语篇更加接近书面体语篇中的论证文体，其要求论点明确、论据充分及论证严密。它既有演讲的中心话题，也有各个用于论证中心话题的次话题及论证次话题的论据等，通过摆事实、讲道理及其他各种逻辑论证手段力图达到传递信息、说服听众的目的。因此，虽然在演讲的过程中会用到一些序列扩展方式叙述和发展语篇，但语篇的格律层级特点会表现得更为明显。对这类语篇中问答结构的框定功能的探讨，是在语篇层面探讨问答结构构成的语段之间以何种关系联系起来构建整个语篇框架的，这自然需要以语篇的层级性为前提条件之一。

5.1.2　多个 EAP 结构

当演讲人选用问答结构框定整个语篇的构架时，能够充当这一角色的应为 EAP 结构，而非 IAP 结构，因为前者可以导入话题并进行详述，而后者则没有此功能。正如5.1.1节论证的，语篇具有层级结构，语篇的话题也具有一定的层级性。整个演讲语篇有一个演讲主题或者说大话题，而这一大话题又包括一系列的小话题。这一点反映在英语政治演讲语篇中则更明显。这类语篇目标非常明确——“传递信息，并说服听众认同某一观点”（Carter, *et al.* 2001: 219）。若要实现说服听众这一演讲目标，演讲人不仅要否定某种观点或主张，而且也要向听众传播自己的主张，而这些都要通过论证的形式完成（陈波 2002: 25）。所以，演讲人往往把演讲的论点或主题分成若干个小论点或小话题，通过阐述每一个小论点或小话题来完成对整个演讲主题的论证，从而将论证论点的相关信息，包括本人观点的“好”、某种观点和做法的“不好”等传递给听众，达成演讲目标。

一般情况下，IAP 疑问句没有显性的答语，它与上文语篇的语义关系密切，是在顺应上文信息的基础上出现的，反映语篇格调[1]的同时也对上文信息进行总结。而 EAP 疑问句后面带有显性的答语，与答语构成关系密切的语段，其中问句为构成的语段提供小话题，答语围绕着这一小话题展开，是对话题的解释和说明。换言之，IAP 结构对上文相邻语句有依附性，而 EAP 结构更具独立性，可以单独完成对某一个话题的讨论，并且，EAP 结构既可以以直接承接的方式，也可以以层级间承接的方式导入话题（详见第三章3.5节），这也说明这种结构独立性很强，能够体现在语篇的不同层面上。这样，通过这种结构，演讲人可以把与演讲主题相关的重要信息以问答的形式传递给听众，从而论证其观点的合理性，达到说服听众的目的。所以，问答结构要想具有框定功能，就需要是 EAP 结构这种类型。这种问答结构的特点如上文话题完结、问答之间为被解释与解释关系、问句充当语段主位、问句的启后力强于承前力等已在第三章讨论，此处不再赘述。另外，一般来讲，要框定语篇的构架，单个 EAP 结构显然是无法独立完成这一任务的，至少需要两个或两个

[1] 所谓语篇格调，是指讲话人/作者感情、情绪、主观评价、意愿等言语态度的反映，也叫语篇主观情态，是超逻辑性的心理情感表现力的内容（徐赳赳 2010: 54）。

以上这一结构的共同作用。因此，问答结构具有框定功能的前提条件之二为：语篇中存在多个 EAP 结构。

5.1.3 同一语篇层面

在英语政治演讲语篇中，演讲人可能会选用多个 EAP 结构组织语篇，但并不是每个问答结构都能在框定语篇时直接发挥作用。问答结构之间只有属于同一个语篇层面、直接服务于演讲主题时才能共同构筑语篇整体框架。英语政治演讲语篇属于论证语篇，演讲主题是由一系列不同层面的小话题层层论证的。框定功能是演讲人自上而下选用问答结构对语篇整体的构思，因此，虽然 EAP 疑问句导入的小话题可以体现在不同的语篇层次上，但是当从最高的语篇层面讨论 EAP 结构的框定功能时，还需要 EAP 疑问句所引出的话题属于较高的语篇层面。它们也可能由其他一些较低层次的该类问句引出的话题及其相关内容支撑，但属于较高层次的 EAP 疑问句之间应该处于同一个语篇层面。换句话说，即便这些问句各自所引出的话题不同，但它们都需要与整个演讲语篇的主题直接相关，即直接服务于或者说支撑整个演讲语篇的主题，这样才能对整个语篇起到一定的框定作用。如果 EAP 疑问句导入的小话题是一个较低层面的语段话题，它虽然可以支撑较高层面的该类问句导入的话题，但并不属于语篇整体框架的一个构成部分。因此，问答结构具有框定功能的前提条件之三为：各问答结构之间属于同一个语篇层面，直接服务于演讲主题。

总之，问答结构若要具有框定功能，就需要同时满足上述三个前提条件，缺一不可。这些条件也间接地说明，与问答结构的导入-详述功能和总结-诱思功能相比，框定功能是不容易在语篇中实现的，因为前两种功能只是对问答结构的类型有要求，对该类型的个数和所处的语篇位置并没有太多要求，而演讲人在选用问答结构框定语篇构架时，不仅需要选用 EAP 结构，而且还需要选用多个且属于同一语篇层面的这种结构。但是，即便如此，由于问答结构的框定功能所具有的优势（详见5.2节），演讲人还是会在条件允许的情况下尽量选用问答结构实现框定功能。

5.2 问答结构的框定功能优势

演讲的过程就是演讲人和听众的交际过程。交际的成功与否受到多种因素的影响，其中，演讲语篇的结构是否清晰是一个重要的影响因素。Hovy在讨论书面体语篇的结构时，从读者的角度指出，“不理解语篇结构，交际就不可能成功”（Hovy 1993: 342）。也就是说，只有当语篇的结构安排合理时，它才是连贯的，交际才有可能成功（Hovy 1993: 344）。具体到英语政治演讲语篇亦是如此。政治演讲是演讲人积极主动地与听众进行交际的过程。为了使听众理解并接受语篇中所传递的信息，使交际能够成功，演讲人在组织语篇时自然要在语篇的整体结构上下一番功夫。由5.1节可知，属于同一个语篇层面的直接服务于演讲主题的小话题可以一起框定整个语篇的结构。演讲人通过这些小话题可以向听众传递他围绕演讲主题想要重点传达的信息。也就是说，听众只需关注语篇中提出这些小话题的语句就可以大致知道演讲人意欲讨论的内容。提出这些小话题的方式有很多，EAP疑问句就是其中重要的一种，而且，这种方式在框定政治演讲语篇的结构时有其独特之处，具体表现如下。

首先，EAP疑问句可以突显英语政治演讲语篇的结构框架。EAP疑问句，作为疑问句的一种特殊用法，可以以问句的形式导入新话题，并通过答语部分对新话题进行详述。相对于传递信息、引出话题的常规方式——陈述句而言，这种以问句导入话题的方式是非常规的，它的出现自然会引起听众的关注及其注意力的增强。这样，以EAP疑问句构建的语篇框架就会更加突显，更易于加深听众对语篇讨论的主要内容及观点的印象，促使交际成功。

其次，EAP疑问句框定的语篇构架体现演讲人“邀请”听众共同参与构建的意向。Bakhtin强调，语言使用具有对话的本质，每一言语都有“对话暗示”（Bakhtin 1986: 92）。Hoey（2001）指出，作者可以通过针对读者可能提出的问题提供答语的方式组织语篇。以这种隐性互动方式组织的语篇是作者根据他心目中读者的需求自己构建的。英语政治演讲语篇是一种特殊类型的语篇，演讲目标的达成要求演讲人尽可能地调动听众的积极性和参与热情，因而，除了以隐性互动的方式组织语篇，演讲人还常常在需要提出新话题的地方以听众的口吻将问题显性表达出来，然后再组织答语对问句导入的话题进行详述，从而发展语篇。这反映了演讲人使听众参与语篇组织和发展的意图（attempt）（Thompson 2001: 61）。这样，由 EAP 结构构建的语篇框架不仅是演讲人单方根据心目中听众的需求构建的，而且它同时体现了演讲人“邀请”听众共同参与构建的意向，展示演讲人“理解和关注语篇对象对语篇的加工和处理，表明了双方的团结一致”（Thompson 2001: 61）。另外，演讲人通过显性表达听众在语篇中有可能提出的问题，可以鼓励听众“接受语篇发展所选择的方向”（Thompson 2001: 61）。

最后，EAP 疑问句可以满足英语政治演讲语篇对强互动性和强对话性的需求。这也是选用 EAP 疑问句框定语篇构架的主要原因或者说 EAP 结构的框定功能优势之一。关于这一点，第三章3.2节已有论述，此处不再赘述。

从以上讨论可知，虽然构建语篇框架的手段有多种，但 EAP 结构在构建英语政治演讲语篇的框架时有其自身的特点和优势，从而有助于演讲目标的达成。

5.3 框定功能的自问自答模式类型

从5.1节的分析可知，在英语政治演讲语篇中，语篇的层级性是问答结构具有框定功能的前提和基础，而且，演讲人需要选用处于同一语篇层面的多个 EAP 结构才能使该结构具有这一语篇组织功能。那么，根据 EAP 疑问句之间以及问句与其答语之间的位置关系，演讲人可以将语篇中的一些 EAP 结构按照以下两种方式组织[1]，从而构建语篇的整体框架。

5.3.1 连问–连答型

“小句关系在语篇层面上可以直接体现或投射为‘提问–回答’模式”，这是小句关系可以体现语篇的互动性使然（苗兴伟 2012: 5）。在英语政治演讲

[1] 此处只简单介绍类型，具体的分析将在 5.4 节进行。

语篇中，演讲人常常选用EAP结构组织语篇，在语篇层面上将小句关系直接体现为提问–回答模式，从而有效地组织这类语篇。为了运用问答结构框定整个语篇的构架，演讲人常选用的一种模式类型为连问–连答型，即在演讲开端就以显性提问的方式与听众互动，提出一系列其演讲所要讨论或回答的问题，即演讲的几个主要话题，后面回答问题或组织语篇的方式则依照问句之间的关系等来选定。以这种方式组织语篇，可以使语篇的结构安排清晰可见，有利于信息的传递和接收。连问–连答型模式如例（1）所示。

（1）Tonight, therefore, I would like to answer some of the questions that I know are on the minds of many of you listening to me.

How and why did America get involved in Vietnam in the first place?

How has this administration changed the policy of the previous Administration?

What has really happened in the negotiations in Paris and on the battlefront in Vietnam?

What choices do we have if we are to end the war?

What are the prospects for peace?

Now let me begin by describing the situation … (*Richard Nixon, The Great Silent Majority, 1969*)

例（1）中语篇开端的粗体部分就是演讲人连续提出的五个EAP疑问句，下文语篇依次对这些问句和导入的话题进行回答和阐释。通过回答这些问句，演讲人将想要表达的思想和信息传递给听众，从而达到演讲的目的。为了进一步体现语篇的框架安排，演讲人在提出一系列问句之前，还专门用了一句标识语，即“I would like to answer some of the questions that I know are on the minds of many of you listening to me”，标记和提示将要展开的整个语篇与这些问句的关系。

5.3.2 问答-问答型

在英语政治演讲语篇的组织过程中，为了运用问答结构框定语篇的构架，演讲人还可以选用问答–问答型。这种类型当然也是在语篇层级性和同一语篇层面有多个EAP疑问句的前提和基础上，才被演讲人组织和选用的，但与前者的不同之处表现为：在问答–问答型模式中，EAP疑问句与其答语不是分离的，而是相继出现的，即一个EAP疑问句紧接一个答语，在答语部分结束后，又会出现另外一个问句及其答语，若干个问答结构支撑整个演讲语篇，共同框定语篇的构架。而且，根据演讲人利用EAP结构组织语篇的方式的不同，后面出现的问句和答语与前面问句和答语之间表现为不同的衔接方式，或者说，不同的问答结构之间由一定的承前和启后关系维系。具体的组织语篇方式将在5.4节详细讨论，此处仅举一种能体现这种模式类型的例子。

（2）… But there is something different about tonight. There is something special about tonight. ① **What is different? What is special?**

I, Barbara Jordan, am a keynote speaker …

Now—Now that I have this grand distinction, ② **what in the world am I supposed to say?**

… They have often turned to the Democratic Party. ③ **What is it? What is it about the Democratic Party that makes it the instrument the people use when they search for ways to shape their future?** Well I believe the answer to that question lies in our concept of governing … It is a concept deeply rooted in a set of beliefs firmly etched in the national conscience of all of us.

④ **Now what are these beliefs?** First, …

This is the question which must be answered in 1976: ⑤ **Are we to be one people bound together by common spirit, sharing in a common endeavor; or will we become a divided nation? ...** For the American idea, though it is shared by all of us, is realized in each one of us.

⑥ **And now, what are those of us who are elected public officials**

supposed to do? We call ourselves "public servants" but I'll tell you this: We as public servants must set an example for the rest of the nation... (*Barbara Charline Jordan, 1976 Democratic National Convention Keynote Address, 1976*)

例（2）中的粗体部分都是 EAP 疑问句，且从第二个问句开始，在大部分情况下，每个问句都是在前一个问句的答语的基础上提出的[1]，依此类推，直到演讲人将所要传递的主要信息陈述完为止。由此可见，例（2）是一个典型的问答–问答型自问自答模式。需要指出的是，这种模式类型只是代表问句与答语之间的体现形式，各个问答结构之间是可以以不同的小句关系组织语篇的。这一点将在以下小节详细论述。

5.4　框定功能的实现方式

演讲人进行演讲时，为了将信息有效地传递给听众，实现演讲意图，常常选用问答结构构建语篇，从而突出这类演讲的互动性、对话性以及逻辑性。问答结构构建语篇的功能不仅可以体现在语段层面，而且还可以体现在整个演讲语篇层面，用于框定语篇的构架，体现语篇不同部分之间的关系，从而引导听众预期语篇将会如何发展。从体现形式上看，EAP 结构表现为连问–连答型和问答–问答型这两种形式。然而，形式虽然只是这两种，但各个问答结构之间的承前关系和启后关系却各有不同，从而体现出不同的语篇发展方式。一般来讲，连问–连答型中答语之间的关系和问句之间的关系保持一致，问句之间的关系既可以体现为先后逻辑关系，也可以体现为总分或递进等关系；而问答–问答型中不同的 EAP 结构之间的关系或者说组织方式则会更多。综合考虑演讲的两大任务——否定他人主张和宣扬本人主张，演讲的特定目标以及易于听众接受信息的信息传递方式等，演讲人常常将语篇中的一些 EAP 结构以逻辑推理型、综述–详述型、成就–手段型和问题–解决型等方式组织在

[1] 这种情况只是在EAP疑问句"Are we to be one people ..."处有所中断，它所承接的内容并不是上一问句的答语部分。

一起，从而框定整个语篇的框架。这是演讲人综合采取承前性策略和启后性策略的结果。

5.4.1 逻辑推理型组织方式

在英语政治演讲语篇中，当演讲人运用问答结构构建语篇框架时，逻辑推理型是较为常见的语篇组织方式之一。这种方式是指演讲人在演讲刚开始就提出一系列具有先后逻辑关系的问句，然后，演讲人针对这些问句依次进行回答，各个答语之间与问句之间的逻辑关系是相同的。显然，这种组织方式在语篇中的体现形式为连问–连答型。演讲人运用这种方式组织语篇时，可以在演讲一开始就与听众展开显性互动和对话，引起听众的参与兴趣，使听众对整个语篇所要讨论的内容及语篇的大致发展方向有清楚的了解。同时，演讲人以人们最易接受的逻辑（先后）关系组织问句并依次作答，这不仅使整个语篇信息的发展自然流畅，脉络清晰，而且也体现了政治演讲语篇的严谨性和逻辑性强的特点。例如：

（3）Tonight I want to talk to you on a subject of deep concern to all Americans and to many people in all parts of the world, the war in Vietnam … Tonight, therefore, I would like to answer some of the questions that I know are on the minds of many of you listening to me.

How and why did America get involved in Vietnam in the first place?

How has this administration changed the policy of the previous Administration?

What has really happened in the negotiations in Paris and on the battlefront in Vietnam?

What choices do we have if we are to end the war?

What are the prospects for peace?

Now let me begin by describing the situation …

Well, let us turn now to the fundamental issue: *Why and how did the United States become involved in Vietnam in the first place? …*

> But the question facing us today is: *Now that we are in the war, what is the best way to end it?*
>
> ... I chose instead to change American policy on both the negotiating front and the battle front in order to end the war fought on many fronts
>
> …
>
> Now let me turn, however, to a more encouraging report on another front.
>
> …
>
> My fellow Americans, I am sure you can recognize from what I have said that we really only have two choices open to us if we want to end this war …
>
> I have chosen this second course. It is not the easy way. It is the right way. It is a plan which will end the war and serve the cause of peace, not just in Vietnam but in the Pacific and in the world … (*Richard Nixon, The Great Silent Majority, 1969*)

在例（3）中，演讲人开篇就点出演讲内容是围绕越南战争展开的。"越南战争"这一话题在当时是非常敏感并且危及演讲人执政地位的政治话题，演讲人自然需要非常谨慎地组织语篇。演讲人选用了五个 EAP 疑问句（如例中粗体所示）以连问–连答型组织语篇，框定了整个演讲语篇的结构。语篇开篇直接点明"今晚要回答萦绕在多数听众头脑中的问题"，并以此为标识语紧接着给出了五个 EAP 疑问句。这五个问句是整篇演讲有关演讲主题"越南战争"的五个部分，是演讲人根据听众想要他回答的一些问题提出的，因而显性地体现了演讲人与听众之间的互动和对话，而且，这些 EAP 疑问句之间逻辑关系非常严谨，前面的问句预示着后面相邻问句的出现，而后面的问句则是以前面相邻问句的出现为前提。最先提出的 EAP 疑问句"美国起初是如何及为什么要卷入越南战争"是想让听众清楚整件事情的起因。那么，既然美国民众对美国卷入越南战争这一事实非常不满，演讲人所代表的政府与以往处于这个事件中的政府的做法会有何不同？进而演讲人提出了第二个要回答的问句"本届政府在政策方面有何变化"。当然，和平是人心所向，协商应是人们期望政府采取的措施之一，因此，接下来演讲人提出了要回答的第三个

EAP疑问句“在巴黎进行的各种协商及在越南前线究竟发生了什么事”。当一切情况都展现给听众后，演讲人自然要向听众分析面对当前情况，他所代表的本届政府要想达到结束战争的目的，都有哪些选择及如何选择。所以，演讲人提出了第四个EAP疑问句“如果我们要结束战争，我们会有哪些选择”。一般来讲，在指出政府所要采取的措施之后，为了鼓舞人心，演讲人还要对和平的前景进行展望，因此提出了第五个EAP疑问句“和平的前景是什么”。可见，在这五个EAP疑问句中，后一个问句总是在前一个问句的基础上推理而提出的。按照这种逻辑先后顺序提出问句之后，演讲人就在这五个EAP疑问句构建的语篇框架下展开语篇。

这五个问句后面的语篇基本上也是按照逻辑推理型展开的。演讲人先点出他上任时的状况，相当于Hoey（1983, 2001）提出的情景部分，他指出越南战争给美国带来的损失及国内外要求美国撤出战争的呼声之强，并点明他的执政宗旨：并不是只求暂时的撤军以维持短期的安宁，而是要赢得美国的和平及全世界的自由与和平。借此，演讲人定位了演讲的基调。紧接着，演讲人重复开篇提出的第一个EAP疑问句“Why and how did the United States become involved in Vietnam in the first place?”（例中由斜体所示），提示对那五个问句的解答由此正式开始。在对第一个问句进行解答之后，演讲人又提出了一个问句“Now that we are in the war, what is the best way to end it?”（例中由斜体所示），虽与开篇提出的问句不同，但其实覆盖了第2个至第4个问句的内容，此问句后面的答语部分也是按照第2个至第4个问句的顺序进行解答的：演讲人指出直接撤军的不合理性，并阐释了为了结束战争他是如何想尽一切办法改变一些在巴黎进行的各种协商及在越南前线美国所采取的政策，而协商的失败说明与越共领导人和平解决问题的道路是行不通的。这样，演讲人转到了对另外一种选择（即他的主张）的讨论，并在阐释之后强调了美国政府所面临的两种选择，从而回答了第四个EAP疑问句。最后一部分则是演讲语篇惯常选用的结束模式，即号召和展望部分，再次强调政府为了结束战争将要作出的选择，及这一选择的重大意义，并号召听众支持他的选择和主张。由分析可以看出，整个演讲语篇是由五个EAP疑问句以逻辑推理关系于开篇提出，框定并突显了整个语篇的框架，后面语篇就是在这五个问句的基础上，也按照逻辑推理型方式依次回答了这五个问句，从而成功地组织和发展了语篇。逻辑推理型组织方式如图5.1所示。

Q1, Q2, … Qn （逻辑推理关系）

|

|

A1, A2, … An （逻辑推理关系）

图5.1　逻辑推理型组织方式

在图5.1中，“Q1, Q2, … Qn”表示连续出现的若干个问句，“A1, A2, … An”则表示与“Q1, Q2, … Qn”相对应的各个答语。演讲人以逻辑推理关系提出“Q1, Q2, … Qn”后，再以同样的关系组织“A1, A2, … An”，从而构建整个语篇框架。用这种方式构建语篇，不仅体现了英语政治演讲语篇对强互动性和强对话性的需求，而且语篇结构清晰，也符合人们思维和接收信息的方式——让听众带着有密切逻辑关系的问题听演讲，因而信息传递就会比较流畅，更易达到演讲目的。

5.4.2　综述-详述型组织方式

综述-详述型组织方式在第三章已经论及，但分析的层面不同。第三章讨论的综述-详述型是英语政治演讲语篇中 EAP 结构内部的一种详述方式。然而，此处的综述-详述型是从整个语篇层面上讨论的，是英语政治演讲语篇中不同的问答结构之间组织和构建语篇框架的方式。其体现形式为问答-问答型。具体来说，构建语篇框架的问答结构可以分为两个部分：综述部分（P）和详述部分（D）。其中一个 EAP 结构起统领其他 EAP 结构的作用，而其他 EAP 结构是承接着综述部分出现的，从不同的方面对综述部分进行阐述和说明，详述部分的问句之间也通过一定的关系维系，都是综述部分提出的大话题下面的小话题。当然，在有些情况下，这两部分前面还可以选用 EAP 结构充当情景部分。

以上文例（2）为例。例（2）是 Barbara Jordan 于1976年在民主大会上做的主旨发言。如粗体部分所示，演讲人选用了问答-问答型这种形式组织语篇，全篇共有六处（八个）EAP 疑问句，由序号①—⑥标示。这六处 EAP 疑问句是演讲人想要重点讨论的话题，其分别在各自所在的问答结构或问答语段中做语段主位，而且这些语段主位都属于基于话题的主位，共同框定了整个语篇框架。演讲人首先选用了两个 EAP 疑问句"有什么不同之处？有什么特殊之处？"引出自己拥有在此做主旨发言的殊荣，这一部分为整个语篇话题的引入提供了情景（situation）。在此基础上，EAP 疑问句"既然我有此殊荣，那么我究竟该说些什么呢？"暗指下面语篇中会有演讲人借此机会想要说的一些话题，这里是综述部分。接下来在叙述的过程中，演讲人按照其意愿提到了他想要说的第一个小话题，即"民主党究竟是怎样一个政党？为什么当人们寻找塑造他们的未来出路时都会指望民主党呢？"通过对问句的回答，向听众强调了民主党的执政理念来源于人民，并深深地植根于众人良知深处的一套坚定信念中。在此基础上，演讲人又选用了一个 EAP 疑问句"那么这些信仰是什么呢？"对他提出的"为什么当人们寻找塑造他们的未来出路时都会指望民主党"这一话题做了进一步的阐述，从而完成了对第一个小话题的讨论。紧接着，演讲人又指出了目前存在有些人对将来恐惧及只顾个人私利的现象，从而提出了他想重点讨论的另一个话题，即"我们是想成为一个统一团结的民族还是一个分裂的民族"。显然，演讲人此处选用的选择疑问句，其实并不只是要人们做一个选择，因为答案很明显——绝大部分人（如果不能说是全部人）都会想要一个统一团结的民族。这个选择疑问句内实际上有一个隐含问句"What should we do to be one united people?"（要成为一个统一团结的民族，我们该如何做？），下面的语篇就是对这一话题进行的讨论。当然，在讨论的过程中，演讲人又提出了一个 EAP 疑问句"那么，现在我们这些公职人员又应该做些什么呢？"来进一步向听众传递他所代表的公职人员也已经清楚地认识到自己的职责这一信息，这等于向听众表明了决心。通过对这六处 EAP 疑问句的分析可以看出，EAP 疑问句①、②、③和⑤为较高层次，构筑了整个语篇的大框架，其中①为情景；②为统领问句，是综述部分；③和⑤之间为并列关系，分别是②下面展开的两个小话题，也是整个语篇重点想要传递的信息，属详述部分。而④和⑥则属于相对较低的层次，分别是对话题③和话题⑤的进一步阐释。据此，综述-详述型组织方式可以如图5.2所示。

图5.2　综述-详述型组织方式

在图5.2中，Qs、As代表情景部分的问句和答语，Qp、Ap代表导入综述或统领部分的问句和答语，Qd、Ad代表导入详述部分的问句和答语。其中，Qp—Ap（综述部分）和Qd—Ad（详述部分）是这种组织方式的核心部分，Qd—Ad部分通过一个或多个问答结构共同完成对Qp—Ap的详述。总之，以这种常用的综述-详述型方式构建语篇框架，不仅体现了与听众的显性互动和对话，而且突显了语篇框架，这样更易于听众对整个语篇所传递信息的把握和接受。

5.4.3　成就-手段型组织方式

当演讲人选用问答-问答这种形式组织语篇，构建语篇框架时，其组织方式还可以是成就-手段型（achievement-instrument）。所谓成就-手段型，是指从整个语篇层面上讲，构成语篇框架的各个问答结构可以分为两个部分：前一部分的问答结构所导入和详述的话题一般来讲都是语篇的大话题，是意欲取得的成绩或达成的目标；后一部分的问答结构所导入和详述的话题则是用于实现前一部分所讨论话题的一些方法和手段。若将前一部分看作A（achievement），后一部分看作I（instrument），二者之间的关系可描述为“A需要通过（by, through）I才能实现”。例如：

（4）As we meet here today, we stand on the threshold of a new era of peace in the world.

The central question before us is: **How shall we use that peace?**

Let us resolve that …

Let us remember that America was built not by government, but by people—not by welfare, but by work—not by shirking responsibility, but by seeking responsibility.

In our own lives, let each of us ask—not just what will government do for me, but what can I do for myself?

In the challenges we face together, let each of us ask—not just how can government help, but how can I help? … (*Richard Nixon, Second Inaugural Address, 1973*)

例（4）是尼克松第二次当选总统时的演讲，当时适逢摆脱了以往的战争和冲突，处于世界和平的新时代，因此该篇演讲主要是用来号召听众抓住和平的契机。演讲开篇就选用一个问句“How shall we use that peace?”做基于话题的语段主位，与其下文答语共同构成 EAP 结构。问句引出了演讲的大话题“我们将怎样利用好目前的和平状态”，问句焦点为 how，预示着下面答语部分即语段述位将会围绕利用好目前和平状态的方式和方法进行论述。答语部分以综述-详述型方式发展了语篇，具体分析在和平状态下对待国内事务和国外事务方面该有的态度和做法。随后，演讲人话锋一转，指出他此次演讲并不是要承诺政府将要做些什么，而是号召广大民众意识到自己的责任和义务，并提出所有国民应该自问的两个问句：“我能为自己做些什么？面对当前的挑战，我能出什么力?”这两个问句提问的内容相似，与下文的答语一起构成了 EAP 结构，其中，两个 EAP 疑问句为基于话题的语段主位，答语部分为语段述位。在两个问句之后，演讲人选用列举型的组织方式指出了每位国民自己应该扮演好的角色，重新燃起对国家和对自己的信心，从而回答了那两个 EAP 疑问句。由分析可知，后一部分的 EAP 结构讨论的内容其实是实现篇首那个问答结构所讨论内容的一些手段和方法，此处，演讲人根据演讲目的的需要，将重点放在了民众的职责上面，号召民众在和平的新时代贡献自己的力量。综上所述，成就–手段型组织方式可以如图5.3所示。

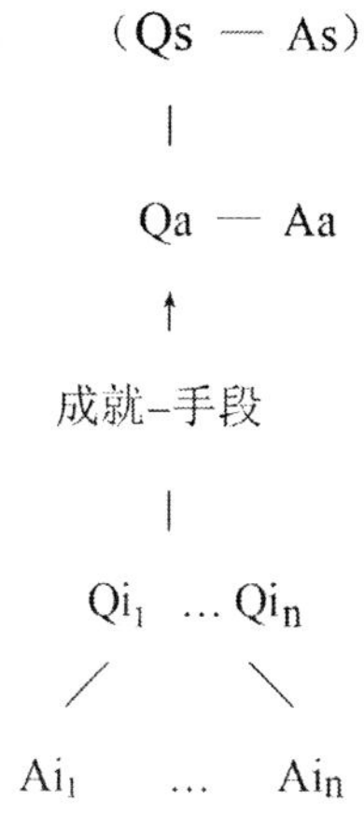

图5.3　成就–手段型组织方式

在图5.3中，Qa、Aa 代表导入成就部分的问句和答语，Qi、Ai 代表导入手段部分的问句和答语，括号代表可有可无。其中，Qs—As 作为情景部分可有可无，Qa—Aa（成就部分）和 Qi—Ai（手段部分）为这种组织方式的核心部分，Qa—Aa 需要通过 Qi—Ai 才能实现，并且 Qi—Ai 可以由一个或多个问答结构体现。

5.4.4　问题–解决型组织方式

问题–解决型（problem-solution）是演讲人选用问答–问答这种形式构建语篇框架时可采取的另外一种组织方式。构成语篇框架的各个问答结构可以分为两个部分：前一部分（即问题部分，q）的 EAP 结构一般来讲都是针对演讲主题提出有待解决的问题，问句常用 why 或 what for 之类的特殊疑问词引导，并通过答语部分详细阐释；后一部分（即解决部分，r）的 EAP 结构是用于导入并详述前一部分所提出问题的切实可行的解决办法，从而达到演讲人的演讲目的。例如：

（5）… But as I was preparing to speak, I began to ask myself the same question that I now know has been troubling many of you: **Why have we not been able to get together as a nation to resolve our serious energy problem?**

It's clear that the true problems of our nation are much deeper—deeper than gasoline lines or energy shortages, deeper even than inflation or recession. And I realize more than ever that as President I need your help. So, I decided to reach out and to listen to the voices of America.

... But after listening to the American people, I have been reminded again that all the legislation in the world can't fix what's wrong with America. So, I want to speak to you first tonight about a subject even more serious than energy or inflation. I want to talk to you right now about a fundamental threat to American democracy.

…

It is a crisis of confidence.

…

Often you see paralysis and stagnation and drift. You don't like it, and neither do I. **What can we do?**

First of all, we must face the truth, and then we can change our course…

So, the solution of our energy crisis can also help us to conquer the crisis of the spirit in our country… (*Jimmy Carter , Energy and the National Goals—A Crisis of Confidence, 1979*)

例（5）包含两个 EAP 结构，我们按照其出现顺序将这两个结构中的 EAP 疑问句称为 Q1和 Q2。这是 Jimmy Carter 针对能源问题所做的一次演讲，但与以往不同的是，他并非就事论事，只是提出这一问题的紧迫性并给出建议，而是首先通过 Q1与听众进行显性互动，充当该 EAP 结构的语段主位，提出了一个与能源问题相关的深层次话题“为什么我们这个民族不能团结起来解决这一严重的能源问题”，这既体现出这次演讲和以往以能源为主题的演讲的不同，也体现了他作为一位国家领导人考虑问题的深刻性和周全性。而且，这一 why 引导的 EAP 疑问句后面答语的展开形式也并不是简单的说理，而是以情景–评价型（situation-evaluation）方式展开的。所谓情景–评价型，就是指答语由两部分组成，先指出一些现状，而后针对现状进行评述，发表观点。在 Jimmy Carter 所做的演讲中，为了弄清楚能源问题无法解决的深层原因，他提前做了一些考察，并将一些收集到的来自民众的真实话语呈献给了听众，然后在此基础上发表了评价，找出并阐释了深层原因——信心危机。既然找到了“我们这个民族不能团结起来解决这一严重的能源问题”的深层原因，而且这一原因的发现是基于事实、来自民众的，那么下面就可以顺理成章地讨论解决问题的办法。演讲人仍然选用一个 EAP 结构组织了这一部分的内容，语篇以 what 引导的问句即 Q2 “What can we do?” 充当该结构的语段主位，导入话题“那么我们能做些什么（来解决信心危机从而解决能源问题）”，预设答语部分（即该语段述位）将要围绕这一话题展开。答语部分包括两个方面：一方面，通过说理和举例号召广大听众一定要从心理上振作和强大起来，对自己、对国家要有信心，否则就会走向分裂和利己主义；另一方面，指出解决能源危机有助于克服精神的危机，并具体列举出六条解决能源危机的建议和主张。演讲最后以重申要继续听取民众的心声，号召恢复信心、共创未来而结尾。由分析可知，演讲人利用两个 EAP 疑问句 Q1 “Why have we not been able to get together as a nation to resolve our serious energy problem?” 及 Q2 “What can we do?”，分别充当各自所在语段的基于话题的语段主位，通过作为语段述位的答语对导入的话题进行论述。这样，演讲人虽然将演讲重心放在了“信心危机”，但实际上一箭双雕，既号召大家对自己和民族有信心，同时也把解决能源问题作为解决“信心危机”的一个主要方面，并针对如何解决能源问题给出了主张和建议。可见，这两个 EAP 结构通过问题–解决关系非常巧妙地框定了整个语篇的框架。据此，问题–解决型组织方式可以如图5.4所示。

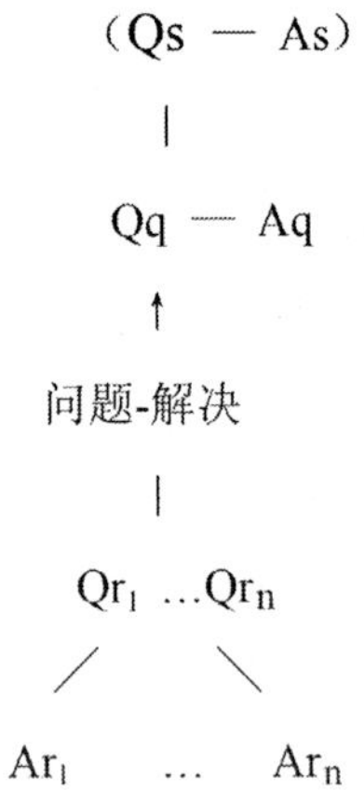

图5.4　问题-解决型组织方式

图5.4中的 Qq、Aq 代表导入问题部分的问句和答语，Qr、Ar 代表导入解决问题部分的问句和答语，其中，Qs—As 作为情景部分可有可无，Qq—Aq（问题部分）和 Qr—Ar（解决部分）为这种组织方式的核心部分，Qq—Aq 需要通过 Qr—Ar 才能解决，并且，Qr—Ar 可以由一个或多个问答结构体现。这种方式既自然又不落俗套，在体现听众共同参与语篇构建的同时，通过突显语篇的整体框架很好地传递了信息，更有助于演讲人达到演讲意图。

5.5　小结

演讲人在选用问答结构组织语篇时，不仅要关注问答结构在语段层面如何发挥组织功能，而且也要考虑如何利用这种结构的特点和优势从整体上构建语篇的框架，在突出政治演讲语篇的强互动性和对话性、强逻辑性以及鲜明的政治色彩的同时，使整个语篇显得论述全面、层次分明、结构清晰。本章对问答结构的探索上升到整个演讲语篇的层面，探讨不同的问答结构是如何从宏观上将整个语篇构建起来的，即 EAP 结构框定整个语篇构架的方式。因此，框定功能的实现方式讨论的是不同问答结构之间的关系，演讲人并不是单一地采取承前性策略或启后性策略，而是同时采取这两种策略，分析语篇中各个问答结构之间会组成何种发展类型，从而共同构建整个语篇的框架，实现语篇的整体和谐与连贯。

问答结构，与其他组织手段相比，在框定语篇构架时有其自身的优势，这种结构不仅可以满足英语政治演讲语篇对强互动性和强对话性的需求，还可以突显语篇的整体框架，并且它所框定的语篇构架体现了演讲人“邀请”听众共同参与构建语篇的意向，因此，由这种结构构建的语篇框架会给听众留下更深刻的印象，这有助于促使听众接受该语篇的结构安排。虽然问答结构有这些优势，但并不是语篇中所有的问答结构都具有框定功能。研究表明，这种结构只有同时具备以下三个条件，即演讲人在构建语篇时需要以语篇具有层级性为假设，应有多个 EAP 结构并且它们属于同一个语篇层面，这样才能具有框定功能。这也间接说明，与导入–详述功能和总结–诱思功能相比，问答结构的这种功能是不容易在语篇中实现的。根据 EAP 疑问句及其答语在语篇中的体现方式，英语政治演讲语篇中的自问自答模式类型主要有两种：一种是将 EAP 疑问句与其答语分开，将若干个 EAP 疑问句置于一起，而后再给出相应的答语，即连问–连答型；另外一种是 EAP 疑问句与其答语绑定在一起，再和其他一些问答结构通过某种小句关系构建整个语篇，即问答–问答型。这两种类型只是对具有框定功能的问答结构在语篇中体现形式的描写和总结。

表 5.1 框定功能的前提条件、模式类型及其实现方式

功能	前提条件	模式类型	实现方式
框定	语篇层级性； 多个APE结构； 同一语篇层面	连问–连答型； 问答–问答型	逻辑推理型； 综述–详述型； 成就–手段型； 问题–解决型

在综合考虑各种因素，如演讲的任务、特定目标及易于听众接受信息的信息传递方式等的基础上，本章对各个问答结构之间的语义关系进行了深入探讨。研究发现，在英语政治演讲语篇中，问答结构框定功能的实现方式主要有逻辑推理型、综述–详述型、成就–手段型和问题–解决型等。除了逻辑推理型，其余三种组织方式的构成要素基本相同，只是核心部分的问答结构之间根据需要表现为不同的关系，从而体现为框定功能的不同的实现方式。在政治演讲语篇中，演讲人以这些方式将多个 EAP 结构组织起来，可以使语篇

的整体框架清晰明了地展现在听众面前，能够体现出演讲人“邀请”听众共同参与构建语篇的意向，这自然更易于听众接收和接受语篇信息，促使交际成功。问答结构框定功能的前提条件、模式类型及其实现方式如表5.1所示。总而言之，本章讨论的问答结构的框定功能与第三章、第四章的内容互为补充，共同完成了对问答结构语篇组织功能的分析和探索。

第六章
结束语

众所周知，英语政治演讲因与“政治”关系密切而备受关注，演讲语篇质量的好坏则直接影响演讲的成功与否。因此，演讲人在组织这类语篇的过程中，无论是对某个词句的选择，还是对语篇整体框架的设计，都会经过反复推敲，精心提炼。问答结构是讲话人提出问题并自己提供答语的结构，是英语政治演讲语篇中经常出现的语言现象。本书在系统功能语言学的主位结构理论和信息结构理论以及 Winter 的小句关系理论等理论的指导下，对英语政治演讲语篇中问答结构的语篇组织功能及其实现方式进行了分析和探讨。研究中主要的发现和启示有以下几个方面。

第一，以主位结构理论、信息结构理论以及小句关系理论等为基础，综合考虑问答结构的类型特点、政治演讲的特点等因素，本书提出演讲人运用问答结构组织英语政治演讲语篇时主要采取的两条策略：承前性策略和启后性策略。并以此为分析框架首次对英语政治演讲语篇中问答结构的语篇组织功能及其实现方式进行了深入的研究。

第二，在承前性策略和启后性策略这一分析框架下，提出并详细论述了问答结构在英语政治演讲语篇中主要具有的导入–详述功能、总结–诱思功能和框定功能。导入–详述功能和总结–诱思功能在语段层面上分别由 EAP 结构和 IAP 结构实现，而框定功能是由 EAP 结构在整个演讲语篇的层面上实现的。

第三，通过对英语政治演讲语篇中问答结构的实例研究发现，问答结构的导入–详述功能、总结–诱思功能及框定功能主要是演讲人根据组篇需求分别采取承前性策略或（和）启后性策略的结果。每种功能的实现都需要有一定的前提条件，其中EAP结构可以满足导入–详述功能和框定功能的前提条件，成为实现这两种功能的主要力量，而总结–诱思功能主要由IAP结构实现。

第四，在承前性策略和启后性策略这一分析框架下，分析并归纳出问答结构各种组织功能的实现方式。EAP疑问句可以以补充说明关系、时间顺序关系、解释说明关系、层级间补充说明关系和转折关系等导入新话题；同时，其答语常常以一般–个别型、否定–修正型、提问–推论型、列举型、对比型和时间顺序型等方式对导入的话题进行详述。IAP结构的总结–诱思功能主要通过阐发关系承接、归纳关系承接和类比关系承接这三种方式实现。此外，用于篇尾的IAP结构可以通过总结–延续型和总结–突显型两种方式对整个演讲进行总结。从整个演讲语篇的层面上看，EAP结构的框定功能主要通过逻辑推理型、综述–详述型、成就–手段型和问题–解决型等方式实现。

第五，通过对语料的观察和分析发现，政治演讲语篇中自问自答模式有其独特之处，按照问句和答语出现的个数及次序可以分为以下六种类型：一问一答型、以问作答型、多问一答型、答语隐含型、问答–问答型及连问–连答型。问答结构在英语政治演讲语篇中的存在是它与这种语篇类型之间相互选择、相互适应的结果，是由其各自的特点共同决定的。

第六，分析发现，英语政治演讲语篇中EAP结构是一种问句充当管领成分，答语为管领范围的篇章管界结构。对其答语的判断主要以话题是否改变为根本，同时还有以下几种比较明显的判断方式：关键词的重现、同一句式的重现、同类管领句的出现、管界终止的描述、罗列连接成分的出现及评论性内容的出现等。这也有力地论证了基于汉语提出的篇章管界理论在英语篇章中的适用性。

诚然，由于笔者能力有限，研究无疑会出现某些不足和局限。首先，研究虽然是以大量的真实语料为支撑，但主要还是定性研究，并未进行定量研究。其次，本书的研究对象及语料都是英语的，而问答结构是一种跨语言的普遍现象，政治演讲语篇也是一种普遍存在的语篇类型，如果能将英语和其他语言如汉语的政治演讲语篇中的问答结构进行对比研究，研究结果会更加全面，解释力会更强。

另外，本书只是对英语政治演讲语篇中问答结构的语篇组织功能进行了研究，并未将其他因素考虑进去。但在研究的过程中通过对语料的观察发现以下现象：其一，问答结构在这类语篇中的分布不均匀，存在着有些语篇中有多个问答结构，而有些语篇中并没有这种结构的现象；其二，问答结构虽然有其自身的优势，可以满足英语政治演讲语篇的需求，但运用这种结构发挥框定功能的语篇并不是很多。这些现象可能与演讲人的组篇风格、政治演讲的类型特点、组篇难度等因素相关。综合各种相关因素对这些现象进行解释也可以拓深对英语政治演讲语篇中问答结构的研究。

参考文献

ABIOYE T O. Typology of Rhetorical Questions as a Stylistic Device in Writing [J]. The International Journal of Language Society and Culture, 2009, (29): 1-8.

ADEGOJU A. A Stylistic Study of the Speeches of Some Key Actors of the "June 12" Crisis in Nigeria (1993—1998) [D]. Ibadan: University of Ibadan, 2005.

ADETUNJI A. Inclusion and Exclusion in Political Discourse: Deixis in Olusegun Obasanjo's Speeches [J]. Journal of Language and Linguistics, 2006, 5(2): 177-191.

AHLUWALIA R, BURNKRANT R E. Answering Questions about Questions: A Persuasion Knowledge Perspective for Understanding the Effects of Rhetorical Questions [J]. Journal of Consumer Research, 2004, 31(1): 26-42.

AL-JANABY N H M. Rhetorical Tropes in Political Speeches [D]. Al-Anbar: University of Al-Anbar, 2013.

ALTHUSSER L. Essays on ideology [M]. London: Verso, 1984.

ASHER N. Troubles with topics: comments on Kehler, Oberlander, Stede and Zeevat [J]. Theoretical Linguistics, 2004, 30(2-3): 255-262.

ATHANASIADOU A. The Discourse Function of Questions [J]. Pragmatics, 1991, 1(1): 107-122.

AYODABO J O. A Pragma-Stylistic Study of Abiola's Historic Speech of June 24, 1993 [A] // LAWAL A, ed. Stylistics in Theory and Practice [C]. Ilorin: Paragon Books, 2003: 132-140.

BADARNEH M A. Exploring the use of rhetorical questions in editorial discourse: a case study of Arabic editorials [J]. Text & Talk, 2009, 29(6): 639-659.

BAKHTIN M M. Problems of Dostoevsky's poetics [M]. EMERSON C ed. &

trans. Minneapolis: University of Minnesota Press, 1984.

BAKHTIN M M. Speech Genres and Other Late Essays [M]. EMERSON C, HOLQUIST M, ed. Austin, TX: University of Texas Press, 1986.

BEEKMAN J. Analyzing and translating the questions of the New Testament [J]. Notes on Translation, 1972, 44: 3-21.

BENOIT W L. Richard M. Nixon's rhetorical strategies in his public statements on Watergate [J]. Southern Journal of Communication, 1982, 47 (2): 192-211.

BENOIT W L. Accounts, excuses, and apologies: A theory of image restoration strategies [M]. Albany: State University of New York Press, 1995.

BENOIT W L. Image repair discourse and crisis communication [J]. Public Relations Review, 1997, 23(2): 177-187.

BENOIT W L. Acclaiming, attacking, and defending in presidential nominating acceptance addresses, 1960—1996 [J]. Quarterly Journal of Speech, 1999, 85(3): 247-267.

BENOIT W L, BLANEY J R, PIER P M. Campaign'96: A functional analysis of acclaiming, attacking, and defending [M]. New York: Praeger, 1998.

BENOIT W L, BLANEY J R, PIER P M. Acclaiming, attacking, and defending: A functional analysis of US nominating convention keynote speeches [J]. Political Communication, 2000, 17(1): 61-84.

BENOIT W L, CZERWINSKI A. A critical analysis of US Air's image repair discourse [J]. Business Communication Quarterly, 1997, 60(3): 38-57.

BENOIT W L, MCHALE J P, HANSEN G J, et al. Compaign 2000: A Functional Analysis of Presidential Campaign Discourse [M]. Oxford: Rowman & Littlefield Publishers, 2003.

BIBER D, JOHANSSON S, LEECH G, et al. Longman Grammar of Spoken and Written English [M]. Harlow: Pearson, 1999.

BORJARS K, BURRIDGE K. Introducing English Grammar [M]. London: Hodder Education, 2010.

BROWN G, YULE G. Discourse Analysis [M]. Cambridge: Cambridge

University Press, 1983.

BURKE K. A rhetoric of motives [M]. Berkeley: University of California Press, 1969.

CAP P. Explorations in Political Discourse: Methodological and Critical Perspectives [M]. Frankfurt am Main: Peter Lang, 2002.

CARTER R. Working with Texts: A Core Introduction to Language Analysis [M]. London: Psychology Press, 2001.

CASH A. Psychology for Dummies [M]. 2nd ed. Hoboken: John Wiley & Sons, 2013.

CHAFE W L. How people use adverbial clauses [A] // Proceedings of the Tenth Annual Meeting of the Berkeley Linguistics Society [C]. Berkeley Linguistics Society, 1984: 437-449.

CHAFE W L. Discourse, Consciousness and Time: The Flow and Displacement of Conscious Experience in Speaking and Writing [M]. Chicago: University of Chicago Press, 1994.

CHERNILOVSKAYA A. Wh-exclamatives and other non-interrogative questions [A] // FALK N, ed. Proceedings of Israel Association for Theoretical Linguistics (26) [C]. 2010. http://linguistics.huji.ac.il/IATL/26/Chernilovskaya.pdf.

CHILTON P, SCHAFFNER C. Discourse Pragmatics [A] // van DIJK T, ed. Discourse as Social Interaction [C]. London: Sage, 1997.

CUDDON J A. The Penguin Dictionary of Literary Terms and Literary Theory (revised by C. E. Preston) [M]. PRESTON C E, revised. 4th ed. London: the Penguin Group, 1999.

DANĚS F. Functional sentence perspective and the organization of the text [A] // DANĚS F, ed. Papers on Functional Sentence Perspective [C]. The Hague: Mouton, 1974: 106-128.

DAVIDSON J. The Complete Guide to Public Speaking [M]. Hoboken: John Wiley & Sons, 2003.

DERAKHSHANI M, et al. Critical Discourse Analysis and Rhetorical Tropes in Donald Trump' s First Speech to the UN [J]. Theory and Practice in Language

Studies, 2021, 11(10): 1224-1236.

ENFIELD N J, STIVERS T, LEVINSON S C. Question-response sequences in conversation across ten languages: An introduction [J]. Journal of Pragmatics, 2010, 42(10): 2615-2619.

FAIRCLOUGH I, FAIRCLOUGH N. Political Discourse Analysis: A Method for Advanced Students [M]. London and New York: Routledge, 2012.

FISHMAN P M. Interaction: the work women do [A] // THORNE B, KRAMARAE C, HENLEY N, eds. Language, Gender and Society [C]. Rowley, MA: Newbury House, 1983: 89-101.

FISHMAN D A. ValuJet flight 595: Crisis communication theory blended and extended [J]. Communication Quarterly, 1999, 47(4): 345-375.

FITRIANI N, PUJIATI T. A Pragmatics Study of Indirect Speech Acts in President Joko Widodo's State Address [J]. Journal of English Language Studies, 2018, 3(2): 155-166.

FOWLER R. Language in the News: Discourse and Ideology in the Press [M]. London and New York: Routledge, 1991.

FRANK J. YOU CALL THAT RHETORICAL QUESTION? — Forms and Functions of Rhetorical Questions in Conversation [J]. Journal of Pragmatics, 1990, (5): 723-738.

FREED A F. The form and function of questions in informal dyadic conversation [J]. Journal of Pragmatics, 1994, 21 (6): 621-644.

FRIES P H. Theme and New in Written English [A] // MILLER T, ed. Functional Approaches to Written Text: Classroom Applications [C]. Washington: English Language Programs, 1997: 230-243.

FRIES P H. The Flow of Information in a Written English Text [A] // FRIES, et al, eds. Relations and Functions within and around Language [C]. London & New York: Continuum, 2002: 117-155.

GIORA R. Notes towards a Theory of Text Coherence [J]. Poetics Today, 1985, 6(4): 699-715.

GOATLY A. Register and the redemption of relevance theory [J]. Pragmatics,

1994, 4(2): 139-182.

GROSZ B J, JOSHI A K, WEINSTEIN S. Providing a unified noun phrases in discourse[A] // Proceedings for the 21st Annual Meeting of the Association for Computational Linguistics [C]. Cambridge, Massachusetts, USA: ACL, 1983: 44-50.

GROSZ B J, JOSHI A K, WEINSTEIN S. Towards a Computational Theory of Discourse Interpretation [J]. Computational Linguistics, 1995, 21(2): 203-225.

HALLIDAY M A K. Notes on Transitivity and Theme in English (Part 2) [J]. Journal of Linguistics, 1967, 3(2): 199-244.

HALLIDAY M A K Language Structure and Language Function [A] // LYONS J, ed. New Horizons in Linguistics [C]. Harmondsworth: Penguin, 1970: 140-165.

HALLIDAY M A K. Text as Semantic Choice in Social Contexts [A] // van DIJK T A, PETOFI J S, eds. Grammars and Descriptions [C]. Berlin: Walter de Gruyter, 1977: 176-225.

HALLIDAY M A K. An Introduction to Functional Grammar [M]. London: Edward Arnold, 1985.

HALLIDAY M A K. An Introduction to Functional Grammar[M]. 2nd ed. London: Edward Arnold, 1994.

HALLIDAY M A K. The Notion of "Context" in Language Education [A] // GHADESSY M, ed. Text and Context in Functional Linguistics [C]. Amsterdam/ Philadelphia: John Benjamins Publishing Company, 1999: 1-24.

HALLIDAY M A K, HASAN R. Language, Context, and Text: Aspects of Language in a Social-semiotic Perspective [M]. Oxford: Oxford University Press, 1989.

HALLIDAY M A K, MATTHIESSEN C M I M. An Introduction to Functional Grammar [M]. 3rd ed. London: Hodder Arnold, 2004.

HALLIDAY M A K, MATTHIESSEN C M I M. An Introduction to Functional Grammar [M]. 4th ed. London & New York: Routledge, 2014.

HAN D H. Utterance production and interpretation: A discourse-pragmatic study on pragmatic markers in English public speeches [J]. Journal of Pragmatics, 2011, 43 (11): 2776-2794.

HARATYAN F. Halliday's SFL and Social Meaning [A] // 2nd International Conference on Humanities, Historical and Social Sciences [C]. Singapore: IACSIT Press, 2011, 17: 260-264.

HIEBERT R E. A model of the government communication process [A] // Helm L M, Hiebert R E, Naver M R, Rabin K, eds. Informing the people: A public affairs handbook [C]. New York: Longman, 1981: 3-13.

HOBBS J R. Coherence and Coreference [J]. Cognitive Science, 1979, 3(1): 67-90.

HOEY M. On the Surface of Discourse [M]. London: George Allen and Unwin, 1983.

HOEY M. Patterns of Lexis in Text [M]. Oxford: Oxford University Press, 1991.

HOEY M. Textual Interaction: an Introduction to Written Discourse Analysis [M]. London and New York: Routledge, 2001.

HOLMES J. Women, Men and Politeness [M]. London: Longman, 1995.

HOVY E H. Automated discourse generation using discourse structure relations [J]. Artificial Intelligence, 1993, 63(1): 341-385.

HOWARD D J. the Positioning of Rhetorical and Non-rhetorical Questions and the Use of Self-referencing in Print Advertising [J]. Journal of Business and Psychology, 1991, 5(3): 397-410.

HYLAND K. What do they mean? Questions in academic writing [J]. Text, 2002, 22(4): 529-557.

ILIE C. WHAT ELSE CAN I TELL YOU? A Pragmatic Study of English Rhetorical Questions as Discursive and Argumentative Acts [D]. Stockholm: the University of Stockholm, 1994.

IYENGAR S, KINDER D R. News that matters: Television and American opinion [M].Chicago: University of Chicago Press, 1987.

JALILIFAR A. Thematic Development in English and Translated Academic Texts [J]. Journal of Language & Translation, 2009, 10(1): 81-111.

JAURO L B, NGAMSA J, TENEKE G G, WADA R S. The Uses of Clause

Relations in Nigerian Television Broadcast Media [J]. British Journal of Arts and Social Sciences, 2012, 11(1): 43-50.

JOHNSON T J, WANTA W, BOURDEAU T. Drug peddlers: How four presidents attempted to influence media and public concern on the drug issues [J]. Atlantic Journal of Communication, 2004, 12(4): 177-199.

JOSHI A, WEINSTEIN S. Control of Inference: Role of Some Aspects of Discourse Structure—Centering [A] // Proceedings of the 7th International Joint Conference on Artificial Intelligence-volume 1 [C]. San Francisco: Morgan Kaufmann Publishers Inc., 1981: 385-387.

KAPLAN R B. Cultural Thought Patterns in Inter-cultural Education [J]. Language Learning, XVI 1966, (1&2): 1-20.

KIEFER F. Yes-no questions as wh-questions [A] // SEARLE J R, KIEFER F, BIERWISCH M, eds. Speech Act Theory and Pragmatics [C]. Dordrecht: Reidel, 1980: 97-119.

LAKOFF R T. Persuasive discourse and ordinary conversation [A] // TANNEN D, ed. Analyzing discourse: Text and talk [C]. Washington, DC: Georgetown University Press, 1982: 26-42.

LAMERTON J. Public Speaking [M]. London: HarperCollins Publishers, 2001.

LAURINAITYTE R. Hedges in Political Speeches [D]. Vilnius: Vilnius Pedagogical University, 2011.

LEECH G. Principles of Pragmatics [M]. London: Longman, 1983.

LIU B F. President Bush's major post-Katrina speech: Enhancing image repair discourse theory applied to the public sector [J]. Public Relations Review, 2007, 33 (1): 40-48.

LIU M. A Corpus-based Study on the Usage of Passive Voice in English Political Speeches on the Guidance of Text Typology [J]. The Frontiers of Society, Science and Technology, 2022, 4(1): 83-87.

LOOS E E, et al. Glossary of Linguistic Terms [M]. Dallas: SIL International DigitalResources, 2003. http://www-01.sil.org/linguistics/GlossaryOfLinguisticterms/.

LUCAS S. The Art of Public Speaking [M]. 10th ed. New York: McGraw-Hill, 2009.

LYONS J. Language and Linguistics [M]. Cambridge: Cambridge University Press, 1981.

MALMKJAER K, ed. The Linguistics Encyclopedia [M]. London and New York: Routledge, 1991.

MANN W C, MATTHIESSEN C M, THOMPSON S A. Rhetorical Structure Theory and Text Analysis [A] // MANN W C, THOMPSON S A, eds. Discourse Description: Diverse Analyses of a Fund-Raising Text [C]. Amsterdam: Benjamins, 1992: 39-78.

MANN W C, THOMPSON S A. Rhetorical structure theory: a theory of text organization [J]. Text, 1988, (3): 243-281.

MARTIN J R. English Text: System and Structure [M]. Amsterdam/ Philadelphia: John Benjamins Publishing Company, 1992.

MARTIN J R, MATTHIESSEN C M I M, PAINTER C. Deploying Functional Grammar [M]. Beijing: the Commercial Press, 2010.

MARTIN J, ROSE D. Working with Discourse: Meaning beyond the clause [M]. London & New York: Continuum, 2003.

MCCARTHY M. Discourse Analysis for Language Teachers [M]. Cambridge: Cambridge University Press, 1991.

MCCARTHY M, CARTER R. Language as Discourse: Perspectives for Language Teaching [M]. London and New York: Longman, 1994.

METZLER M S. Responding to the legitimacy problems of big tobacco: An analysis of the "People of Philip Morris" image advertising campaign [J]. Communication Quarterly, 2001, 49(4): 366-382.

MILLS S. Knowing your place: A Marxist feminist stylistic analysis [A] // WEBER J J, ed. The stylistics reader: From Roman Jakobson to the present [C]. London: Arnold, 1996: 241-257.

MISHLER E G. Studies in dialogue and discourse: an exponential law of successive questioning [J]. Language in Society, 1975, 4 (1): 31-51.

MOTHERSBAUGH D L, HUHMANN B A, FRANKE G R. Combinatory and Separative Effects of Rhetorical Figures on Consumers' Effort and Focus in Ad Processing [J]. Journal of Consumer Research, 2002, 28(3): 589-602.

OHA O. Language in War Situation: A Stylistic Study of the War Speeches of Yakubu Gowon and Emeka Ojukwu [D]. Ibadan: University of Ibadan, 1994.

PETER B, MAURICE W. Speaker-audience intercommunication in political speeches: A contrast of cultures [J]. Journal of Pragmatics, 2021, 186: 167-178.

PETÖFI J S, SÖZER E. Static and Dynamic Aspects of Text Constitution [J]. Anales de literatura española, 1985, (4): 285-326.

PETTY R E, JOHN T C, HEESACKER M. Effects of Rhetorical Questions on Persuasion: A Cognitive Response Analysis [J]. Journal of Personality and Social Psychology, 1981, 40(3): 432-440.

QUIRK R, GREENBAUM S, LEECH G, SVARTVIK J. A Grammar of Contemporary English [M]. Oxford: Oxford University Press, 1972.

QUIRK R, GREENBAUM S, LEECH G, SVARTVIK J. A Comprehensive Grammar of the English Language [M]. London and New York: Longman, 1985.

RAGSDALE L. The politics of presidential speechmaking: 1949–1980 [J]. The American Political Science Review, 1984, 78(4): 971-984.

RICHARDS J C. Answers to yes/no questions [A] // RICHARDS J C, ed. The Context of Language Teaching [C]. Cambridge: Cambridge University Press, 1998: 93-99.

ROHDE H. Rhetorical questions as redundant interrogatives [J]. San Diego Linguistic Papers, 2006, (2): 134-168.

RUDD P W. Weapons of mass destruction: The unshared referents of Bush's Rhetoric [J]. Pragmatics, 2004, 14(4): 499-525.

SACKS H, SCHEGLOFF E A, JEFFERSON G. A Simplest Systematics for the Organization of Turn-taking for Conversation [J]. Language, 1974, 50(4): 696-735.

SAPIR E. Language: An Introduction to the Study of Speech [M]. Beijing: Foreign Language Teaching and Research Press, 2001.

SCHAEFER T M. Persuading the persuaders: Presidential speeches and editorial opinion [J]. Political Communication, 1997, 14 (1): 97-111.

SCHEGLOFF E. Sequence Organization in Interaction: A Primer in Conversation Analysis *(Vol. 1)* [M]. Cambridge: Cambridge University Press, 2007.

SCHEGLOFF E, Sacks H. Opening up Closings [J]. Semiotica, 1973, 8 (4): 289-327.

SCHMIDT-RADEFELDT J. On So-called "Rhetorical" Questions [J]. Journal of Pragmatics, 1977, 1 (4): 375-392.

SINCLAIR J M, COULTHARD R M. Towards an Analysis of Discourse: The English Used by Teachers and Pupils [M]. Oxford: Oxford University Press, 1975.

SLOT P. How Can You Say That? Rhetorical questions in argumentative texts [M]. Amsterdam: IFOTT, 1993.

SUGAI M. Yes and No Authentic Response Roundabouts [J]. 东北公益文科大学综合研究论集 , 2013, (23): 27-36.

TAIWO R. Forms and Functions of Interrogation in Charismatic Christian Pulpit Discourse [J]. Nebula, 2005, 2(4):117-131.

TEMPLETON M. Public Speaking and Presentations Demystified [M]. New York: McGraw-Hill, 2010.

THOMPSON G. Introducing Functional Grammar [M]. London: Edward Arnold, 1996.

THOMPSON S. Why ask questions in monologue? Language choice at work in scientific and linguistic talk [A] // HUNSTON S, ed. Language at work [C]. Clevedon: Multilingual Matters, 1998: 137-150.

THOMPSON G. Interaction in Academic Writing: Learning to Argue with the Reader [J]. Applied Linguistics, 2001, 22(1): 58-78.

TSUI A. A functional description of questions [A] // COULTHARD M, ed. Advances in Spoken Discourse Analysis [C]. London: Routledge, 1992: 89-110.

TSUI A. English Conversation [M]. Oxford: Oxford University Press, 1994.

TUTU D. No Future without Forgiveness [M]. London: Rider, 1999.

UNGER C. Genre, Relevance and Global Coherence: the Pragmatics of

Discourse Type [M]. Basingstoke: Palgrave Macmillan, 2006.

URBANAVIČIENE I. Political Speeches: Exertion of Power through Linguistic Means [J]. Studies about Languages, 2004, (5): 52-59.

VALLEY D B. Significant characteristics of Democratic presidential nomination acceptance speeches [J]. Communication Studies, 1974, 25 (1): 56-62.

VALLEY D B. A history and analysis of Democratic presidential nomination acceptance speeches to 1968 [M]. Lanham, MD: University Press of America, 1988.

van DIJK T A. Text and context: Explorations in the semantics and pragmatics of discourse [M]. New York: Longman, 1977.

van DIJK T A. Macrostructures [M]. Hillsdale, New Jersey: Lawrence Erlbau Associates, Inc, 1980.

van DIJK T A. Semantic Discourse Analysis [A] // van DIJK T A, ed. Handbook of Discourse Analysis, Vol 2: Dimensions of discourse [C]. London: Academic Press, 1985: 103-137.

van DIJK T A. the Study of Discourse [A] // van DIJK T A, ed. Discourse Studies: A Multidisciplinary Introduction (Volume I) [C]. London: SAGE Publications, 1997: 1-34.

van KUPPEVELT J. Discourse structure, topicality, and questioning [J]. Journal of Linguistics, 1995, 31(1): 109-147.

VOLOŠINOV V N. Marxism and the philosophy of language [M]. MATEJKA L, TITUNIK R, trans. New York: Seminar Press, 1973.

WAHLSTER W, MARBURGER H, JAMESON A, BUSEMANN S. Over-Answering Yes-No Questions [A] // Proceedings of the Eighth International Joint Conference on Artificial Intelligence [C]. Karlsruhe, West Germany, 1983: 643-646.

WALKER M A, JOSHI A K, PRINCE E F. Centering in naturally-occuring discourse: an overview [A] // Walker, et al, eds. Centering Theory in Discourse [C]. Oxford: Oxford University Press, 1998: 1-28.

WANG H. Coherence of English Political Speeches from the Perspective of Cohesion Theory [J]. Frontiers in Educational Research, 2021, 4(1): 14-19.

WASHINGTON G. The Inaugural Addresses of the U.S. Presidents [M].

Beijing: Central Compilation & Translation Press, 2009.

WEBBER P. The function of questions in different medical journal genres [J]. English for Specific Purposes, 1994, 13(3): 257-268.

WIDDOWSON H G. Explorations in Applied Linguistics (2) [M]. Oxford: Oxford University Press, 1984.

WINTER E O. Connection in science material: a proposition about the semantics of clause relations [A] // Center for Information on Language Teaching Reports and Papers No. 7: Technology in a Second Language [C]. London: Center for Information on Language Teaching and Research, 1971: 41-52.

WINTER E O. A Clause-relational approach to English texts: a study of some predictive lexical items [J]. Instructional Science, 1977, (6): 1-92.

WINTER E O. Clause relations as information structure: two basic text structures in English [A]// Coulthard M. ed. Advances in Written Text Analysis [C]. London & New York: Routledge, 1994: 46-68.

WORTHAM S, LOCHER M. Embedded metapragmatics and lying politicians [J]. Language and Communication, 1999, 19(2): 109-125.

YADUGIRI M A. Some Pragmatic Implications of the Use of *yes* and *no* in Response to *yes-no* Questions [J]. Journal of Pragmatics, 1986, 10 (2): 199-210.

YOUSSEF S, ALBARAKATI M. Presupposition Use in Arabic Political Discourse: The Case of King Salman Speech on Terrorism [J]. International Journal of English Linguistics, 2021, 11(1): 22-31.

YUSUF Y K. Dysphemisms in the language of Nigeria's President Olusegun Obansajo [A] // MAKONI S, MEINHOF V H, eds. Africa and Applied Linguistics [C]. Amsterdam/Philadephia: John Benjamins, 2003: 104-119.

ZHANG J, BENOIT W L. Message strategies of Saudi Arabia's image restoration campaign after 9/11[J]. Public Relations Review, 2004, 30(2): 161-168.

ZILLMANN D. Rhetorical Elicitation of Agreement in Persuasion [J]. Journal of Personality and Social Psychology, 1972, 21(2): 159-165.

巴赫金 . 文本 对话与人文 [M]. 白春仁，晓河，周启超，等译 . 石家庄 : 河北教育出版社，1998.

布斯曼 . 语言与语言学词典 [M]. 北京 : 外语教学与研究出版社 , 2000.

常晨光 . 评价意义的韵律性特征 [J]. 北京科技大学学报（社会科学版）, 2008, 24(3): 101-107.

陈　波 . 逻辑学是什么 [M]. 北京 : 北京大学出版社 , 2002.

陈　平 . 现代语言学研究：理论 · 方法与事实 [M]. 重庆 : 重庆出版社 , 1991.

邓晓华 . 疑问句的功能偏离：转喻功能及其实现 [D]. 北京 : 中国社会科学院研究生院 , 2001.

杜　娟 . 英语陈述小句主位标记性的连续统思想再探 [J]. 解放军外国语学院学报 , 2014, 37(5): 91-98.

杜　娟 . 英语政治演讲语篇中自问自答结构的语篇组织功能 [D]. 开封 : 河南大学，2015a.

杜　娟 . 英语演讲语篇中一般疑问句的特点及功能 [J]. 浙江外国语学院学报，2015b, (3): 43-49.

杜　娟 . 英语政治演讲语篇中篇尾自问自答句的组织功能 [J]. 北京科技大学学报（社会科学版），2015c, 31(4): 19-25.

杜　娟 . 演讲语篇中提问–回答模式的理据研究 [J]. 长春理工大学学报（社会科学版），2016, 29(1): 101-104.

杜　娟 . “提问–回答”模式对非英语专业学生口语成绩影响的实证研究 [J]. 疯狂英语（理论版），2018, (3): 45-47; 50.

杜　娟 . 新时代政治演说语篇中疑问句的语篇语用功能：以《习近平谈治国理政》为例 [J]. 吉林省教育学院学报，2019, 35(11): 160-163.

杜　娟 . 篇章管界理论在英语篇章中的适用性 [J]. 吉林省教育学院学报，2020, 36(2): 121-124.

冯江鸿 . 反问句的语用研究 [M]. 上海 : 上海财经大学出版社 , 2004.

高卫东 . 语篇回指的功能意义解析 [M]. 上海 : 上海交通大学出版社 , 2008.

胡壮麟 , 朱永生 , 张德禄 . 系统功能语法概论 [M]. 长沙 : 湖南教育出版社 , 1989.

胡壮麟，朱永生 , 张德禄 , 等 . 系统功能语言学概论：修订版 [M]. 北京 :

北京大学出版社 , 2008.

黄国文 . 语篇分析概要 [M]. 长沙 : 湖南教育出版社 , 1988.

黄　衍 . 试论英语主位和述位 [J]. 外国语（上海外国语学院学报）, 1985, (5): 32-36; 18.

姜望琪 . 语篇语言学研究 [M]. 北京 : 北京大学出版社 , 2011.

赖　彦 . 新闻话语对话性的文本分析与阐释 [D]. 南京 : 南京师范大学 , 2011.

郎天万 . 主位结构与话语分析 [J]. 外国语（上海外国语大学学报）, 1996, (6): 37-41.

李美华 . 演讲语篇中的句法辞格 [M]. 北京 : 国防大学出版社 , 2009.

李　萍 . 含特殊疑问句功能的一般疑问句 [J]. 外语研究 , 2005, (6): 20-24.

廖秋忠 . 篇章与语用和句法研究 [J]. 语言教学与研究 , 1991, (4): 16-44.

廖秋忠 . 廖秋忠文集 [C] . 北京 : 北京语言学院出版社 , 1992.

刘辰诞 . 教学篇章语言学 [M]. 上海 : 上海外语教育出版社 , 1999.

刘大为 . 制造信息差与无疑而问：修辞性疑问的分析框架之一 [J]. 修辞学习 , 2008, (6): 1-8.

吕叔湘 . 中国文法要略 [M]. 北京 : 商务印书馆 , 1982.

苗兴伟 . 语篇向心理论述评 [J]. 当代语言学 , 2003, (2): 149-157.

苗兴伟 . 语篇模式新探 [J]. 外国语文研究 , 2012, (1): 1-14.

苗兴伟 . 书面语篇中的提问–回答模式 [J]. 当代外语研究 , 2013, (9): 14-17.

钱　瑗 . 实用英语文体学：上 [M]. 北京 : 北京师范大学出版社 , 1991.

邱明波 . 言者信息疑问句与听者信息陈述句 [J]. 当代修辞学 , 2010, (6): 65-75.

冉永平 , 方晓国 . 语言顺应论视角下反问句的人际语用功能研究 [J]. 现代外语 , 2008, 31(4): 351-359.

邵敬敏 . 现代汉语疑问句研究 [M]. 上海 : 华东师范大学出版社 , 1996.

宋　尧 . 演说语篇的对话性研究 [D]. 北京 : 北京外国语大学 , 2000.

谭晓云 . 从有疑而问到无疑而问：课堂提问的言语行为分析 [J]. 修辞学习 , 2005, (2): 17-19.

王德春 , 陈晨 . 现代修辞学 [M]. 上海 : 上海外语教育出版社 , 2001.

王守元，苗兴伟 . 预设与文学语篇的建构 [J]. 外语与外语教学 , 2003, (3): 1-3.

王 伟 .“修辞结构理论”评介：上 [J]. 国外语言学 , 1994, (4): 8-13.

卫真道 . 篇章语言学 [M]. 徐赳赳 , 译 . 北京 : 中国社会科学出版社 , 2002.

谢格罗夫 . 对话中的序列组织 [M]. 马文 , 等译 . 北京 : 北京大学出版社 , 2013.

徐赳赳 . 现代汉语篇章语言学 [M]. 北京 : 商务印书馆 , 2010.

徐盛桓 . 主位和述位 [J]. 外语教学与研究 , 1982, (1): 1-9.

徐盛桓 . 疑问句探询功能的迁移 [J]. 中国语文 , 1999, (1): 3-11.

徐阳春 . 疑问句的语义、语用考察 [J]. 汉语学习 , 2003, (4): 34-39.

杨一飞 . 语篇中的连接手段 [D]. 上海 : 复旦大学 , 2011.

杨玉晨 . 语篇关系和语篇模式 : 英文写作的语言文化对比研究 [D]. 长春 : 东北师范大学 , 2005.

杨玉晨 . 小句关系与语篇模式 : 篇章构建对比研究 [M]. 长春 : 东北师范大学出版社 , 2011a.

杨玉晨 . 小句关系的多元解释与研究方法的互补性 [J]. 外语学刊 , 2011b, (3): 32-35.

叶 枫 . 基于制约条件的英语语篇语义分析及构建 [D]. 上海 : 上海外国语大学 , 2011.

殷树林 . 汉英反问句比较 [J]. 汉语学报 , 2009, (2): 89-105.

郑 丹 . 英文学术期刊论文中的转折关系研究 [J]. 外语学刊 , 2011, (6): 44-47.

张伯江 , 方梅 . 汉语功能语法研究 [M]. 南昌 : 江西教育出版社 , 1996.

张德禄 . 语篇结构的多层次性及其与小句的关系 [J]. 四川外语学院学报 , 1998, (3): 53-57.

张德禄 , 刘洪民 . 主位结构与语篇连贯 [J]. 外语研究 , 1994, (3): 27-33; 26.

张德禄 , 孙仕光 . 政治演讲语篇中的认同语义系统及语言资源选择：以奥巴马的一次演讲为例 [J]. 外语教学 , 2015, 36(1): 13-17.

张 今 , 张克定 . 英汉语信息结构对比研究 [M]. 开封 : 河南大学出版社 , 1998.

张克定 . 预设 · 调核 · 焦点 [J]. 外语学刊 , 1999, (4): 22-26.

张克定 . 英语倒装句的语篇功能 [J]. 外国语 , 2001, (5): 18-24.

张克定 . 英语句式的多维研究 [M]. 北京 : 中国社会科学出版社 , 2008.

张 俊 , 苗兴伟 . 述位与语篇建构 [J]. 解放军外国语学院学报 ,2005, 28(4): 12-16.

章振邦 . 新编英语语法 [M]. 第3版 . 上海 : 上海外语教育出版社 , 1997.

朱 炜 . 政治演讲语篇中的隐喻与话语基调 : 批评语言学视角 [D]. 南京 : 南京师范大学 , 2009.

朱晓亚 . 答句的语义类型 [J]. 语言教学与研究 ,1995, (3): 47-60.

朱永生 , 严世清 . 系统功能语言学多维思考 [M]. 上海 : 上海外语教育出版社 , 2001.

附录一：问答结构的语料统计数据

（一）

类型	数目	百分比（约数）
EAP结构	506	54.70%
IAP结构	419	45.30%
总计	925	100%

（二）

类型	问句体现方式	数目	百分比（约数）
EAP结构	特殊疑问句	331	35.78%
	一般疑问句	164	17.73%
	选择疑问句	11	1.18%
IAP结构	特殊疑问句	198	21.41%
	一般疑问句	214	23.14%
	选择疑问句	7	0.76%
总计		925	100%

附录二：含有问答结构的政治演讲语篇[1]

1. Martin Luther King, Jr. ***I Have a Dream***

2. John F. Kennedy ***Inaugural Address***

3. Franklin Delano Roosevelt ***First Inaugural Address***

4. Barbara C. Jordan ***1976 Democratic National Convention Keynote Address***

5. Richard M. Nixon ***Checkers***

6. Malcolm X ***The Ballot or the Bullet***

7. John F. Kennedy ***Houston Ministerial Association Speech***

8. Lyndon Baines Johnson ***We Shall Overcome***

9. Mario Matthew Cuomo ***1984 Democratic National Convention Keynote Address***

10. Jesse Jackson ***1984 Democratic National Convention Address***

11. Barbara Charline Jordan ***Statement on the Articles of Impeachment***

12. General Douglas MacArthur ***Farewell Address to Congress***

13. Martin Luther King, Jr. ***I've Been to the Mountaintop***

14. Woodrow Wilson ***War Message***

15. General Douglas MacArthur ***Duty, Honor, Country***

16. Richard M. Nixon ***The Great Silent Majority***

17. Clarence Seward Darrow ***Mercy for Leopold and Loeb***

18. Russell Conwell ***Acres of Diamonds***

19. Ronald Reagan ***A Time for Choosing***

---

[1] 附录二中的123篇演讲语篇来自美国修辞网上的20世纪美国最具影响力的100篇政治演讲（http://www.americanrhetoric.com/top100speechesall.html，访问时间为2013年7月20日）、21世纪美国重要的50篇演讲（https://www.americanrhetoric.com/21stcenturyspeeches.htm，访问时间为2013年7月20日）及Washington（2009）的“The Inaugural Addresses of the U.S. Presidents”。

20. Huey Pierce Long ***Every Man a King***
21. Anna Howard Shaw ***The Fundamental Principle of a Republic***
22. Franklin Delano Roosevelt ***The Arsenal of Democracy***
23. Ronald Reagan ***The Evil Empire***
24. Ronald Reagan ***First Inaugural Address***
25. Franklin Delano Roosevelt ***First Fireside Chat***
26. Hillary Diane Rodham Clinton ***Women's Rights are Human Rights***
27. Dwight D. Eisenhower ***Atoms for Peace***
28. John F. Kennedy ***American University Commencement Address***
29. Margaret Chase Smith ***Declaration of Conscience***
30. Martin Luther King, Jr. ***A Time to Break Silence***
31. William Jennings Bryan ***Against Imperialism***
32. John F. Kennedy ***Civil Rights Address***
33. Spiro Theodore Agnew ***Television News Coverage***
34. Jesse Jackson ***1988 Democratic National Convention Address***
35. Mary Fisher ***A Whisper of AIDS***
36. Lyndon Baines Johnson ***The Great Society***
37. George C. Marshall ***The Marshall Plan***
38. Edward M. Kennedy ***Truth and Tolerance in America***
39. Adlai E. Stevenson ***Presidential Nomination Acceptance Address***
40. Anna Eleanor Roosevelt ***The Struggle for Human Rights***
41. Geraldine Ferraro ***Vice Presidential Nomination Acceptance Address***
42. Robert Marion La Follette ***Free Speech in Wartime***
43. Ronald Reagan ***40th Anniversary of D-Day Address***
44. Mario Matthew Cuomo ***Religious Belief and Public Morality***
45. John Llewellyn ***The Rights of Labor***
46. Barry Goldwater ***Presidential Nomination Acceptance Address***
47. Stokely Carmichael ***Black Power***
48. Emma Goldman ***Address to the Jury***
49. Carrie Chapman Catt ***The Crisis***

50. Newton N. Minow ***Television and the Public Interest***

51. Thomas Woodrow Wilson ***League of Nations Final Address***

52. Lou Gehrig ***Farewell to Baseball Address***

53. Richard M. Nixon ***Cambodian Incursion Address***

54. Carrie Chapman Catt ***Address to the U.S. Congress***

55. Woodrow Wilson ***First Inaugural Address***

56. Mario Savio ***Sproul Hall Sit-in Speech/An End to History***

57. Elizabeth Glaser ***1992 Democratic National Convention Address***

58. Eugene Victor Debs ***The Issue***

59. Margaret Higgins Sanger ***Children's Era***

60. Ursula Kroeber Le Guin ***A Left-Handed Commencement Address***

61. Crystal Eastman ***Now We Can Begin***

62. Huey P. Long ***Share Our Wealth***

63. Cesar Estrada Chavez ***Speech on Ending His 25 Day Fast***

64 Elizabeth Gurley Flynn ***Statement at the Smith Act Trial***

65. Jimmy Carter ***A Crisis of Confidence***

66. Malcolm X ***Message to the Grass Roots***

67. Shirley Anita St. Hill Chisholm ***For the Equal Rights Amendment***

68. Ronald Reagan ***Brandenburg Gate Address***

69. Elie Wiesel ***The Perils of Indifference***

70. Robert Francis Kennedy ***Day of Affirmation***

71. John Forbes Kerry ***Vietnam Veterans Against the War***

72. Maya Angelou ***Remarks at the Memorial Service for Coretta Scott King***

73. Kathleen B. Blanco ***Address to the LA Legislature on Hurricane Katrina***

74. Robert C. Byrd ***The Arrogance of Power***

75. George Walker Bush ***9/11 Address to a Joint Session of Congress***

76. Hillary R. Clinton ***2008 Democratic National Convention Keynote Address***

77. William Jefferson Clinton ***Eulogy for Robert Byrd***

78. William H. "Bill" Cosby, Jr. ***50th Anniversary of Brown v. Board of***

Education Remarks

79. Thomas Dale DeLay ***Farewell Address to the U.S. House of Representatives***

80. Robert M. Gates ***Address to the World Forum on the Future of Democracy***

81. Julius Genachowski ***Brookings Speech on Broadband & the Internet***

82. Albert Arnold "Al" Gore, Jr. ***Nobel Lecture***

83. Paul David Hewson ***Keynote Address at the 54th National Prayer Breakfast***

84. James Mountain Inhofe ***Senate Speech on Global Warming and the Media***

85. David McCullough, Jr. ***Wellesley College Commencement Speech***

86. Zell Bryan Miller ***2004 Republican National Convention Keynote Address***

87. Binyamin Netanyahu ***2009 Speech to the United Nations General Assembly***

88. Michael Nutter ***Mount Carmel Baptist Church Address***

89. Barack H. Obama ***2004 Democratic National Convention Keynote Address***

90. Barack H. Obama ***Nobel Lecture***

91. John Jordan "Buck" O' Neil ***Baseball Hall of Fame Induction Address***

92. Joseph V. "Jay" Paterno, Jr. ***Eulogy Address at the Joe Paterno Memorial Service***

93. Ricardo S. Sanchez ***Remarks to Military Reporters and Editors Forum***

94. Ryne Dee Sandberg ***Baseball Hall of Fame Induction Address***

95. Attallah Shabazz ***Remarks at the Memorial Service for Coretta Scott King***

96. Shirley Sherrod ***NAACP 20th Annual Freedom Banquet Speech***

97. John Adams ***Inaugural Address in the City of Philadelphia***

98. Thomas Jefferson ***First Inaugural Address***

99. Thomas Jefferson ***Second Inaugural Address***
100. James Madison ***Second Inaugural Address***
101. James Monroe ***First Inaugural Address***
102. James Monroe ***Second Inaugural Address***
103. John Quincy Adams ***Inaugural Address***
104. Martin Van Buren ***Inaugural Address***
105. William Henry Harrison ***Second Inaugural Address***
106. James Knox Polk ***Inaugural Address***
107. Franklin Pierce ***Inaugural Address***
108. James Buchanan ***Inaugural Address***
109. Abraham Lincoln ***First Inaugural Address***
110. Abraham Lincoln ***Second Inaugural Address***
111. Ulysses S. Grant ***First Inaugural Address***
112. Ulysses S. Grant ***Second Inaugural Address***
113. James A. Garfield ***Inaugural Address***
114. Benjamin Harrison ***Inaugural Address***
115. William McKinley ***Second Inaugural Address***
116. Franklin D. Roosevelt ***Second Inaugural Address***
117. Dwight D. Eisenhower ***First Inaugural Address***
118. Lyndon Baines Johnson ***Inaugural Address***
119. Richard Milhous Nixon ***Second Inaugural Address***
120. Ronald Reagan ***Second Inaugural Address***
121. George H. W. Bush ***Inaugural Address***
122. William J. Clinton ***Second Inaugural Address***
123. George W. Bush ***Second Inaugural Address***